「家族の幸せ」の経済学

データ分析でわかった結婚、出産、子育ての真実

山口慎太郎

光文社新書

はじめに

「帝王切開なんてダメ、あんなの本当のお産じゃない。落ち着きのない子に育ちますよ」

「赤ちゃんには母乳が一番。お母さんの愛情を受けて育つから、頭もよくなるんだよ」

「子どもが3歳になるまでは、お母さんがつきっきりで子育てしないとダメ。昔から、〝三つ子の魂（たましい）百まで〟っていうでしょう」

　どのように出産を迎え、子育てをすればいいのか日々悩んでいるお母さん、お父さんの耳にはさまざまな意見やアドバイスが飛び込んできます。

　こうしたアドバイスをしてくれる人の多くは、相手のためになると思っていますし、ご自身や周囲の人がそれでうまくいったという確信もあります。

　たしかに、身近な人のエピソードや口コミには独特の説得力がありますが、これらを本当にあてにしてよいのでしょうか。

実は、近年の経済学の研究は、**ここに挙げた3つのアドバイスがすべて間違いであることを示しています。**

本書は結婚、出産、子育てにまつわる事柄について、経済学をはじめとしたさまざまな科学的研究の成果をもとに、家族がより「幸せ」になるためのヒントを紹介します。本書で紹介する科学的研究の成果は、実社会から得られたデータを分析することによって得られたものです。国勢調査のような大規模な公的調査はもちろん、社会実験から得られたデータや、恋愛と結婚のためのマッチングサイトの利用者データなども分析に活かされています。こうしたデータを分析することで、個人の体験談の寄せ集めなど比較にならないほど信頼性の高い知見が得られるようになるのです。

経済学というとお金にまつわる学問だから、結婚、出産、子育てはもとより、「家族の幸せ」などとは関係ないのではないかと思われるかもしれませんが、決してそんなことはありません。経済学は、**人々がなぜ・どのように意思決定し、行動に移すのかについて考える学問**ですから、そこで得られた知識を活かすことで、家族の幸せにより近づくことができるのです。経済学研究の最先端に触れることで、ぜひそのエッセンスをご家族とあなた自身の幸せに活かしてください。

＊

本書は以下の構成になっています。

家族の始まりは結婚にありということで、第1章では結婚とそこにつながる恋愛について考えてみます。人はなぜ結婚するのか、結婚に何を求めているのか、どうやってお互いを結婚相手として選ぶのかといった疑問について、経済学的な説明とともに、データ分析による裏付けを紹介します。恋愛や結婚にまつわる本音は、公的な調査ではなかなか明らかにされないかもしれませんが、近年の研究では、マッチングサイトの利用者データを分析することで、人々の本音に迫れるようになりました。「データ分析が明らかにしたモテ要素とは？」「不倫が起きやすいのはどんな職場？」といった話題にも触れていきます。

続く第2章は、出産と赤ちゃんの話題です。近年の科学的研究は、赤ちゃんがお母さんのお腹の中にいる頃の環境や出産の方法が、大人になってからの健康状態や知能、ひいては所得にまで関わっているのではないかと指摘しています。一方、健康面から知能、情緒面の発達に至るまでさまざまなメリットが語られてきた母乳育児については、そこまで大きな効果が見られないのではないかという研究結果が報告されています。出産と赤ちゃんの子育てについて、何が「真実」で、何が「神話」なのか、この章で詳しく見ていきます。

第3章では、育児休業制度でお母さんの働きやすさがどのように変わるのかについて、経済学の理論と先進諸国の経験に基づいて論じます。かつて安倍総理は「3年間抱っこし放題」というキャッチフレーズで、育休期間を3年間に延長することを提案しましたが、実際に「育休3年制」がスタートしたら、お母さんたちの働き方はどう変わるのでしょうか。また、見落とされがちですが、育休制度を論じる上で無視できないのは、子どもの発達への影響です。生まれたばかりの子どもは、やはりお母さんが育てるべきなのでしょうか。データに基づいた科学的知見をお伝えします。

子育てというとお母さんが主役になりがちですが、お父さんだって負けていられません。第4章では、お父さんの子育てにスポットライトを当てて経済学的な分析を紹介します。なぜ、日本のお父さんは育児休業を取らないのか。「イクメン先進国」であるノルウェーの経験に学び、どうすれば日本でもお父さんの育児休業取得が進むのか考えてみましょう。そして、お父さんが育児休業を取ると子どもにはどんな影響があるのか、夫婦仲はどう変わるのかといった疑問についても答えていきます。

第5章では、保育園、あるいは幼稚園といった場で行われる幼児教育が、子どもの発達にどんな影響を及ぼすのか見ていきましょう。日本では「3歳児神話」と呼ばれるように、子どもは3歳までは母親が育てるのが一番であるといった考え方が一部に見られます。そのため、後ろめたさを感じながら子どもを保育園に預けて働いているお母さんもいることでしょう。しかし、数々の科学的研究が明らかにしたのは、幼児教育は子どもの知能面と行動面の発達に大きく寄与するという勇気づけられる事実です。特に、日本の保育園通いを対象にした研究では、子どもだけでなく、お母さんの精神面にも大きなプラスの影響があることが明らかになりました。

最後の第6章では、離婚と親権の問題について考えます。「家族の幸せ」を考えるという本書の趣旨からすると違和感のあるテーマかもしれませんが、夫婦関係がどうしてもうまくいかないならば、当人たちはもちろん、子どもたちの幸せにとっても、離婚は妥当な選択となりえます。現在の日本の制度では、夫婦間の合意がない場合には、自由に離婚ができるわけではないのですが、こうした法律上の離婚要件を緩(ゆる)めた場合には、家族の幸せにどんな影響があるのでしょうか。また、離婚した場合の親権はお母さんが持つことがほとんどですが、お父さんとお母さんで親権を分け合う、離婚後共同親権が導入されたならば、子どもたちにはどんな影響があるのでしょうか。アメリカやヨーロッパの国々の経験を分析した経済学の研究を紹介します。

＊

本題に入る前に、著者の私自身についてもご紹介させていただきます。

著者のわたくし、山口慎太郎は、現在、東京大学の経済学部で結婚・出産・子育てなど家族にまつわる問題を分析対象とする「家族の経済学」と、労働市場や人事制度を分析対象とする「労働経済学」を研究、教育しています。

東大に着任したのは２０１７年の夏ですが、それまでは長年、アメリカとカナダで生活していました。慶應義塾大学で修士号を取得した後、２００１年から２００６年までアメリカのウィスコンシン大学で学び、経済学の博士号を取得しました。その後、２００６年より２０１７年に帰国するまで、カナダのマクマスター大学で助教授、准教授として経済学の研究、教育に携わってきました。

実は、こうした海外経験は、私が「家族の経済学」を専門にしようと思ったことと結びついています。アメリカやカナダでは、女性の活躍はめざましく、社会の重要な地位についている人も珍しくありません。日本でも、女性がより活躍することで、経済と社会の活性化につながるのではないかと考えたのが「家族の経済学」を研究するようになったきっかけです。

研究を進めるうちに、どんどんと日本の経済、社会に対する関心が高まってきたため、帰国を決意しました。

私生活では、妻と息子が一人います。大学教員という仕事は暇ではないのですが、幸い、時間の融通はきくので、早い時間に帰宅することで夕食をともにしたり、週末を一緒に過ごすことで、自分の手で子どもを育てているという実感を持つことができています。

本書には、私自身の子育てエピソードもちょくちょく出てきますので、ご笑覧ください。

＊

それでは「家族の幸せ」の経済学、始まります！

「家族の幸せ」の経済学

目次

第2章　赤ちゃんの経済学　67

第6章 離婚の経済学 219

図表作成／デザイン・プレイス・デマンド

第1章

結婚の経済学

家族の始まりは、それが法律上のものであろうともなかろうとも、結婚にあると言えるでしょう。「家族の幸せ」について考えるというのが本書のテーマですが、この章ではまず「結婚」と、そこへつながる「恋愛」について考えてみましょう。

恋愛と結婚は、それ自体が個人の幸福にとって大きな影響を及ぼすものです。どのように恋愛や結婚が行われるのかを知ることは、個人と家族の幸せを理解する上で欠かせません。

一方で、恋愛や結婚は、きわめて個人的な営みであるにもかかわらず、しばしば社会問題の一つとして取り上げられます。近年、新聞やテレビなどで、未婚率が上がってきている（結婚率が下がってきている）とか、初めて結婚する年齢が上がってきているといった話を見聞きしたことがあるのではないでしょうか。

結婚が社会問題の一つとして捉えられる背景にあるのは少子化です。少子化が進むと、少数の現役世代が、多数の引退世代を支えなければならなくなるため、社会全体としては難しい問題を抱えることになります。実は、結婚している女性が持つ子どもの数は長年安定しているのですが、結婚する女性の数自体が減ってきているため、未婚率の上昇が少子化の大きな原因だと考えられています。

もちろん、恋愛や結婚は個人的な営みですから、する／しないや、そのあり方について他人がとやかく口を挟む問題ではありません。しかし、恋愛や結婚の妨げとなるような経済的・制度的な要因があるのならば、それを取り除くことは、個人にとっても、社会全体にとっても望ましいと言えるでしょう。

そういった意味で、恋愛と結婚は、個人の幸福にとってはもちろん、社会全体にとっても重要なイベントなのです。

この章では、その恋愛と結婚について、三つの話題を取り扱います。

一つめは、**人はなぜ結婚するのかという問題**についての考察です。近年、未婚率が上がってきている、初婚年齢が上がってきていると言われていますが、この背景を理解するには、「人はなぜ結婚するのか」という疑問に立ち返るのが近道です。近年の経済学研究では、人々が恋愛や結婚に何を求めているのか、かなり本音の部分まで明らかにしてきています。結婚の持つ経済的な側面と非経済的な側面の双方に注目し、結婚のメリット・デメリットに迫ります。

二つめの話題は、**結婚における「出会い」の場**にまつわるものです。恋愛にせよ結婚にせよ、その前提としての出会いの場があるわけですが、時代とともにどう変わってきたのでしょうか。出会いの頻度が増えれば結婚の可能性も変わります。また、どういった場で出会うのかによって結婚相手も変わってくるでしょう。出会いの場が結婚にどんな影響を及ぼしているのか見ていきます。

最後の三つめの話題は、誰と誰がカップルになっているのかというものです。結婚はする/しないだけでなく、それによりどのような家庭が築かれているのかという点も、私たちの社会のあり方を深く理解する上で不可欠です。世の中にはいろいろなカップルの組み合わせがありますが、その中でも多いのは、やはり「似た者同士」のカップルです。これはさまざまな国の統計でも確認されているのですが、**なぜ、カップルには似た者同士が多いのでしょうか。**

これら三つの話題は、経済学や他の社会科学分野で長らく研究対象とされてきましたが、近年その分析が飛躍的に進みました。その背景にあるのは恋愛・結婚のパートナーを探すマッチングサイトの隆盛です。プライバシーには十分配慮した上で、マッチングサイトの利用者データを分析することで、公的統計には決して表れない人々の本音や、出会いからカップル成立に至るまでの経緯を詳しく知ることができるようになったのです。

まずは結婚に関する統計的事実を確認し、それから、これら三つの話題について、順に見ていくことにしましょう。

１　人々は結婚に何を求めているのか

男性の5人に1人、女性の10人に1人は「生涯独身」

結婚しない人が増えてきている、とはよく耳にしますが、実際にはどの程度増えているのでしょうか。次ページの**図表１‐１**は、総務省が行う国勢調査に基づいて作られた50歳時未婚率の推移を示しています。つい最近までは、この数字を「生涯未婚率」と呼んでいました。厳密に言えば、生涯未婚であるかどうかは、生涯を終えるまではわからないのですが、50歳以降に初めて結婚する人はかなり少ないため、50歳時点の未婚率を生涯未婚率とみなしたのです。

戦後間もない**１９５０年の50歳時未婚率はわずか１・５パーセント**ですから、当時はほとんどすべての人が結婚していました。男性の50歳時未婚率は、長年低いままでしたが、１９９０年頃、時代が平成に入るあたりから急速に上がり始め、２０１０年には20パーセントあまりに達しました。女性の50歳時未婚率は上下しつつも、２０００年頃までは緩やかに上昇

図表１-１　生涯未婚率は上がり続けている

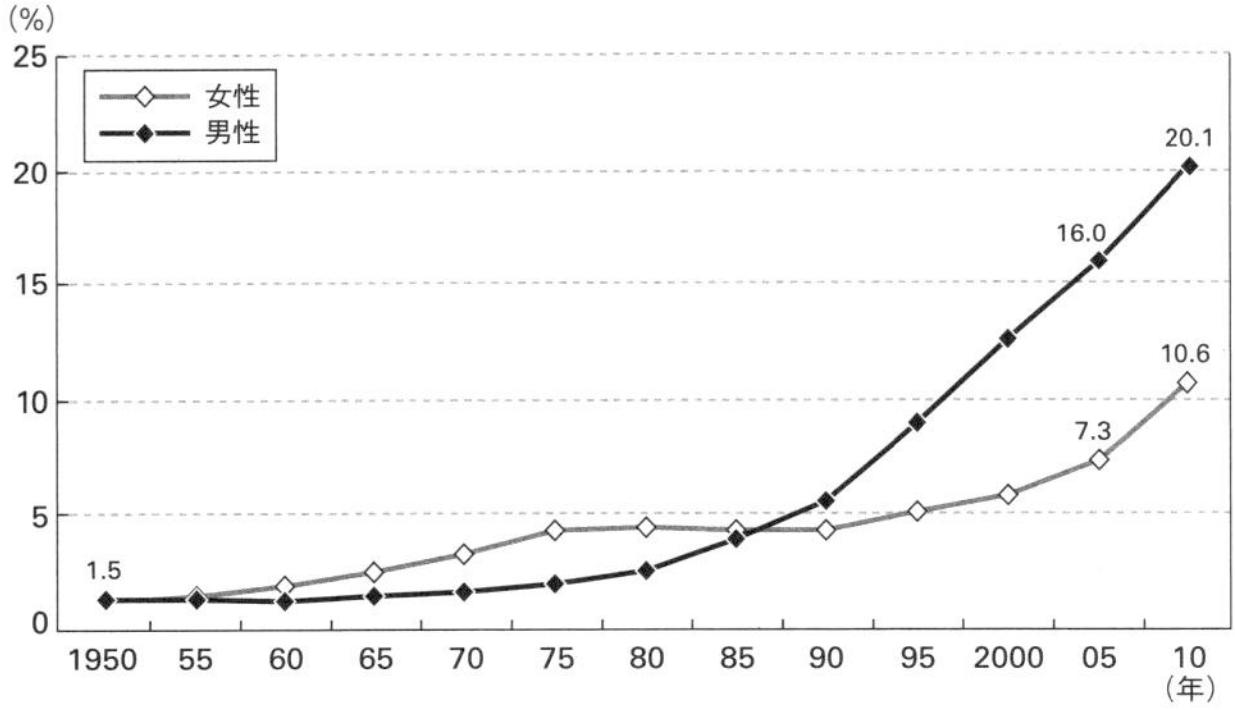

（備考）1. 総務省「国勢調査」より作成。
2. 生涯未婚率は、50歳時の未婚率であり、45〜49歳と50〜54歳の未婚率の単純平均により算出。
3. 配偶関係不詳を除く。

出所）男女共同参画白書　平成25年版

し、２０１０年には10パーセントほどに達しています。

　現代では、男性の５人に１人、女性の10人に１人は50歳時点で未婚ですから、たしかに非婚化が進んでいると言っていいでしょう。ちなみに50歳時未婚率で男女に大きな差があるのは、男性のほうが再婚する人が多いためです。厚生労働省の「第15回（２０１５年）出生動向基本調査」によると、「再婚男性と初婚女性」の組み合わせは、「再婚女性と初婚男性」の組み合わせの１・７倍にも上ります。

　男性は、自分の相手には結婚歴がなく、自分よりも若い女性を好む傾向がある一方、女性は相手の結婚歴や年齢をそれほ

図表１-２　平均初婚年齢は上がり続けている

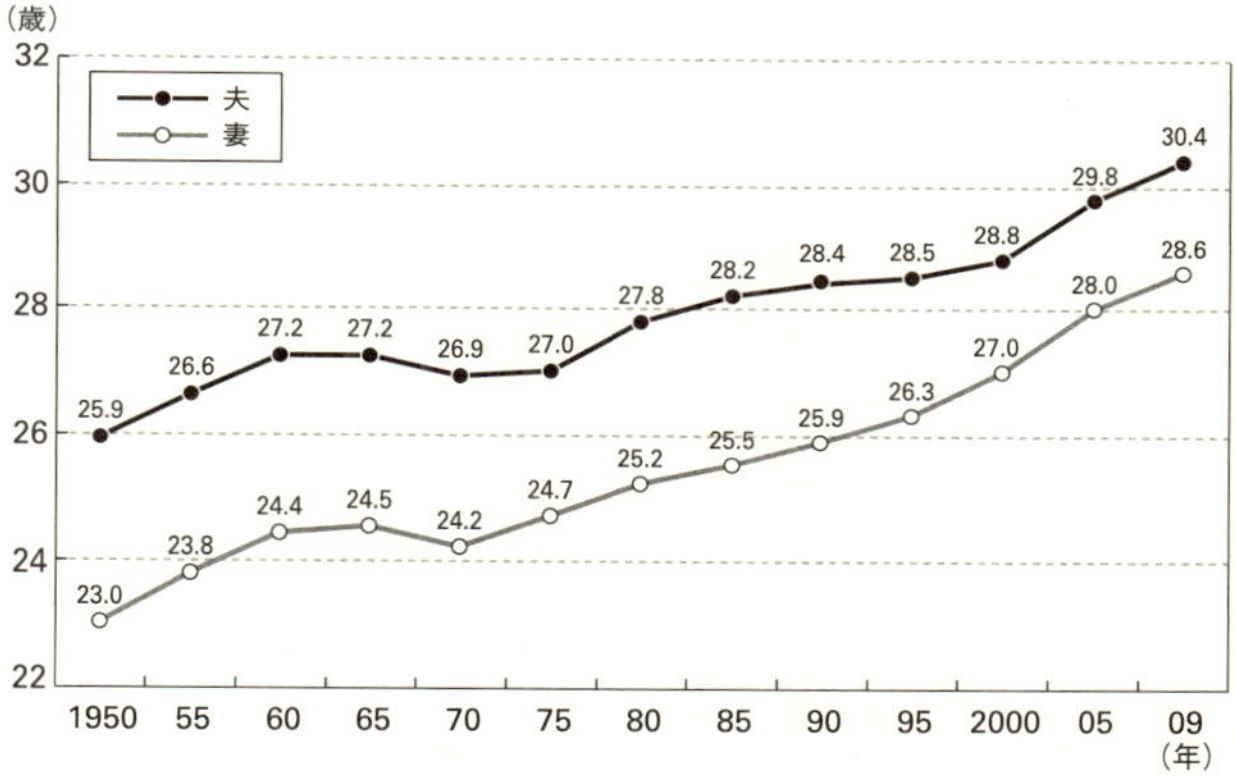

（注）厚生労働省「人口動態統計」より作成。昭和47年以前の数値には沖縄県は含まれない。
出所）平成23年版子ども・若者白書第1-1-3図

ど気にしないといった理由がこの背景として考えられます。

６割の女性が夫に家事・育児能力を求めている

未婚率の上昇と並んで話題になるのは、初めて結婚する年齢（初婚年齢）の上昇、つまりは「晩婚化」についてです。**図表１-２**は、厚生労働省が作成した「人口動態統計」より、平均初婚年齢の推移を示しています。１９５０年には、女性の平均初婚年齢が23・０歳で、男性は、25・９歳でした。そこから次第に上昇し、２００９年には、女性28・６歳、男性30・４歳へと、**男女とも４歳以上、大幅に晩婚化が進んだ**ことがわかります。

なぜ非婚化・晩婚化が進んできたのでしょうか。この問いに答えるには、現代の日本社会において、人々は結婚に何を求めているのか、結婚にはどんなメリット・デメリットがあるのかを考えてみることが助けになります。

もちろん、ほとんどの人は、結婚することの最大の理由を愛情だと考えているでしょう。前出の「第15回出生動向基本調査」によると、結婚相手の条件として重視するものに、男性の8割、女性の9割が「人柄」を挙げています。

一方で、愛情だけでは結婚できない、あるいは結婚生活が長続きしないと考えている人も少なくないでしょう。**結婚相手には「家事・育児の能力」を重視すると答えた男性は5割近くいる**一方、**相手の「経済力」を重視すると答えた女性は4割近く**に上ります。

興味深いことに、**結婚相手の「家事・育児の能力」を重視すると答えた女性は6割近く**に上り、男性にも家事・育児の能力が求められていることがわかります。さらに、**自分の仕事を理解してくれることを重視すると答えた女性は5割近く**で、結婚後も働き続けることを希望する女性が多いことを示すような結果になっています。

「マッチングサイト」で垣間見える人々の本音

　ここまでは公的統計に基づいて、人々は結婚に何を求めているのか探ってきました。ここからは少し趣（おもむき）を変えて、普段はなかなか明らかにならない、恋愛と結婚における人々の本音を垣間見ていきましょう。もちろん、人はなかなか本音を見せません。そこで社会科学の研究者たちが考えたやり方は、インターネット上で出会いの場を提供する「マッチングサイト」に注目するというものです。

　かつては「援助交際」の温床（おんしょう）とみなされていたため、インターネットを通じた出会いには偏見がありました。そのため、マッチングサイトを通じてパートナーと出会ったことをおおっぴらに語る人は多くなかったかもしれませんが、最近はまじめな恋愛関係や、結婚に至るような付き合いを求める人のためのサイトも増えてきているようです。

　私が以前住んでいたアメリカとカナダでは、日本と比べてかなり早い時期から、まじめな出会いの場としてマッチングサイトが活用されていた印象があります。少なくとも、マッチングサイトの利用に抵抗を感じているような人はほとんど見かけませんでした。

　私の知人でもマッチングサイトを使っている人はたくさんいましたし、マッチングサイトを通じて結婚に至った同業の大学の先生も知っています。スタンフォード大学のポール・オイヤー教授は、自身のマッチングサイト利用経験をもとに『オンラインデートで学ぶ経済学』（2016年、NTT出版）という本を書いたほどです。

周囲の若い人たちから聞く限り、日本でもマッチングサイトの利用に対する見方が肯定的になってきているように感じます。マッチングサイトは、日本においても結婚成立に重要な役割を果たすようになってきているのかもしれません。

自己申告のマッチングサイトはウソだらけ？

アメリカなどに見られるマッチングサイトでは、利用者は年齢、人種、学歴、結婚歴、収入、身長、体重などを登録し、自分の写真もアップロードします。

ただし、利用者のプロフィールはすべて自己申告で、真偽は定かではありません。ということは、みんな自分のことをよく見せようと身長や年齢はサバを読み、写真も「奇跡の一枚」を使うのではといった疑問がわいてきます。

研究[*1]によると、会ってすぐにバレるような極端な嘘をつくことはないようです。よくある小さな嘘は、体重を2〜3キロ過少申告するとか、身長を1〜2センチ高くするとか、年齢を1〜2歳サバ読みするというものです。

では、見ただけではすぐにわからないこと、たとえば「年収」はどうでしょうか。マッチングサイト「ＯＫキューピッド」の運営ブログ（２０１０年7月6日）によると、**年収10万ドル（約１０００万円）を自称する人の数は、実際の人数の4倍にも上る**そうです。

外見に関する嘘は、会えばわかります。年収に関する嘘も、身につけているものや行きつけのレストランなどから大体のところは見抜けるかもしれません。そもそも、相手が多少サバを読んでいることを理解してマッチングサイトを使っているのであれば、利用者は必ずしも嘘に振りまわされているというわけではないのでしょう。

「美人とイケメン」の経済学

好ましいことであるかは別として、恋愛のパートナー選びにおいては「容姿」も大きな要因となります。データ分析では、容姿も数値化しています。ある研究[*2]では、１００人の学生に写真を一つ一つ見せ、最低1点、最高10点で採点してもらい、その平均点を利用者の容姿の点数として分析に利用します。

なかなか残酷なやり方に見えますが、写真以外の利用者情報は明かされません。容姿を採点する学生は、利用者とは別の町に住んでいるので、利用者のプライバシー保護については配慮されています。

ちょっと話は脱線しますが、容姿の良し悪しが実社会でどのようなインパクトを持つのかという研究は、経済学分野ではしばしば行われています。ここで述べたものと同様の方法で容姿を点数化し、美男美女ほど収入が高くなる傾向を明らかにした研究[*3]がその始まりです。

この話をさらに推し進めて、美容整形によって美男美女になれれば、高収入を得られるか検証した分析[*4]まであります。それによると、美容整形をして高収入を得るというのはどうやらかなり難しいようです。高収入を得られるほどの美男美女というのはほんの一握りなのですが、美容整形によってその域まで達するのは難しいというのが理由だそうです。

データが明らかにしたモテ要素

マッチングサイトでは、利用者のサイト上での行動がすべてデータ化されています。具体的には、誰が誰のプロフィールを見たのか、プロフィールを見たあとに「いいね！」やメッセージを送ったのか、メッセージを送った場合には、実際にデートに至ったと思われるかどうかなどを知ることができます。

どんなプロフィールを見た上で、誰に「いいね！」やメッセージを送ったのかがわかれば、そのデータを分析することで、この利用者はどういう人が好みで、自分の将来のパートナーに何を望んでいるのかを知ることができるというわけです。

データ分析の結果、[*2] 利用者は以下のような好みを持っていることがわかりました。

やはり、容姿は重要な要素で、見た目のいい人ほど多くの人に好まれます。背の高い男性は女性に好まれる一方、背の高い女性は男性からは不人気なようです。また、太っている男性は女性からやや好まれているのに対して、太った女性は男性から好まれていないようです。

収入は、男女とも高いほうが人気を集めますが、女性のほうが相手の収入を重視する傾向が強いようです。学歴については、男女とも自分と近い人を好むのが一般的であるものの、女性は男性により学歴を求め、男性は学歴のある女性を避けるような傾向も見られます。

万人受けする、いわゆるモテるタイプがわかった一方で、恋人に対する好みは人によって大きく異なる部分があることも明らかになりました。蓼食う虫も好き好きという言葉がありますが、モテるタイプでなかったとしても、広い世の中には自分を好んでくれる相手がいるのだという、なんだか希望のわく話です。

こうした結果を見て、あなたはどんな感想を持ちましたか？　意外な結果だったでしょうか？　おそらく、ほとんどの人にとって「当たり前」だと感じるような結果だと思います。でも、**「当たり前」をデータできちんと確認しておくことはとても重要**です。「当たり前」だと思っていたことがデータで確認できない、つまり、実は「当たり前」ではなかったというのは、社会科学の研究者ならば何度も体験しています。事実関係を正しく踏まえるのが、私たちの社会の正しい理解への第一歩につながるのです。

「費用の節約」と「分業の利益」と「リスクの分かち合い」

この節では、結婚が持つ経済的な要素に注目し、そこにはどんなメリットがあるのか考えてみましょう。ここで考える「結婚」とは、法的な婚姻関係に限らず、事実婚なども広く含んでいます。夫婦が助け合うことによってさまざまなメリットが生じるというのが経済学的な結婚観なのですが、こうしたものの見方をすると、人々の結婚行動がよく見えてきますし、近年の非婚化・晩婚化についての理解の大きな助けになります。

まず考えられる結婚の経済的なメリットは、「費用の節約」です。二人でバラバラにアパートを借りるよりも、同じ家に住んでしまえば、より安い家賃で、広く快適な部屋に住むことが可能になります。同じ部屋で過ごすことで、光熱費の節約にもつながりますし、自炊する場合には、効率的に食材を使うことができます。一人分だけを自炊するのはかえってお金がかかりますからね。

次に考えられるのは、「分業の利益」と呼ばれるものです。一人で暮らすならば、得意であろうが苦手であろうが、仕事とすべての家事を一人でこなさなければなりません。しかし、二人で暮らすならば、自分が得意なものを相手の分までやる代わりに、相手には自分の苦手な作業をやってもらうこともできます。

たとえば、料理が得意であれば、二人分の料理を引き受ける。一方で苦手な後片付けや掃除・洗濯は相手にやってもらう。仮に、結婚相手が料理は苦手だけれど、その代わりに片付けや掃除・洗濯が苦にならない人ならば、この二人の組み合わせはとてもうまくいくでしょう。

かつては、家庭における「分業の利益」はもっとはっきりとした形で現れていました。夫は外で働き、妻は専業主婦として家事と子育てのすべてを引き受けるというものです。かつての男性の賃金は、女性よりもはるかに高かったため、こうした夫婦間の分業のあり方には十分な経済的合理性があったのです。現在では、男女の収入格差が次第に小さくなってきているため、こうした「分業の利益」も小さくなってきていますが、それでも、夫婦がうまく協力することから「分業の利益」が生まれるという原則自体は変わりありません。

さらなる結婚の経済的なメリットは、「リスクの分かち合い」です。一生懸命働いていても、勤め先の業績が悪化して給料が下がったり、時には仕事を失ってしまったりすることも決して珍しくはありません。また、病気や怪我などによって、働けなくなることもあるでしょう。独身者ならば、こうしたときの経済的な支えは自分の貯金ぐらいしかありません。独身者は、潜在的には大きな収入リスクに直面しているのです。

一方、結婚している夫婦ならば、お互いを助け合うことで、こうしたリスクを分かち合い、乗り越えることができます。一人の稼ぎが減ってしまっても、もう一人が新たに働きに出たり、副業を始めるなどして、夫婦全体の収入が大きく落ち込まないようにすることで、家計を支えることができます。

子どもを持つことは「メリット」なのか

最後に挙げられる結婚のメリットは、「子どもを持つこと」です。もちろん、子どもを持つ／持たないは個人的な問題ですので、結婚したら子どもを持つべきであるとか、結婚していない人が子どもを持つべきではないなどと、安易に口出しすべきではありません。

一方で、結婚している夫婦の多くが子どもを持つというのも事実です。子どもに対する愛情は何にも勝るので、子どもは結婚の最大のメリットだというのは、個人的には１００パーセント納得のいく話なのですが、経済学は、そこにも分析のメスを入れていきます。

経済学が特に注目するのは、「子どもを持つことの費用」です。これは、おむつ代や食費に始まって、保育園・幼稚園、習い事、大きくなったら塾通いなどのさまざまな学費といった直接的な金銭の支出にとどまりません。

子育てには、お金だけでなく、時間がかかります。**この子育てにかける時間を金銭的に評価したものも、子育ての費用として算入するのです。**

では、子育てにかけた時間はどのように金銭的に評価できるのでしょうか。

経済学には「機会費用」という考え方があり、「あることをするのにかかる費用は、それをしなかった場合に得られたであろう利益に等しい」と見なします。こう書くと何のことやらわけがわからないかもしれませんが、「子育てには暗黙のうちにかかる費用があって、それは、子育てをしなければ得られたであろう仕事からの収入である」という意味です。

子育てはとても時間のかかる営みです。働くことのできる時間はどうしても減りますし、その結果、昇進が遅れることもあるかもしれません。それどころか、仕事を続けることそのものを諦めなければならない人もいます。このように、**子育てによって失われてしまったであろう収入こそが、子育ての暗黙の費用**なのです。

暗黙の費用ゆえ、気がつきにくいかもしれませんが、生涯所得で考えると、子育ての機会費用は、学費などの金銭的支出に負けない非常に大きなものなのです。経済学では、こうした子育て費用の側面から、出産や結婚がどのように行われるのかを分析しています。

そして、子どもを持つことの費用だけでなく、そこから得られるメリットも長い年月をかけて大きく変化してきました。かつては、子どもを持つことによって、家業の跡を継いでもらったり、自分の介護をしてもらうことを期待するのは珍しくありませんでした。途上国においては現在でもそうでしょう。しかし、現代の日本社会においては、子どもにこうした期待を抱くのは現実的ではなくなってきています。このように、子どもを持つことのメリットが減少してきていることも少子化の理由の一端だと考えられます。

キャリア女性ほど「結婚のメリット」は減っている

このように、さまざまな面で経済的な「結婚のメリット」がどんどん減ってきていると考えられていますが、その中でも大きいのは、結婚して子どもを持つ費用が上がり続けていることです。子どもを持つことは大きな喜びである一方、経済的な費用を伴います。そして、この費用、特に暗黙の費用は人によって大きく変わります。**高学歴でキャリアのある女性ほど、子育てによって暗黙のうちに失われる収入は大きくなります**から、そうした女性が、子どもを持ちたいと思わない、ひいては、結婚したいと思わなくなるのも無理のないことです。

結婚し、子どもを持ちたいと思う女性にとっても、その子どもによって、自分のキャリアが犠牲になってしまうことは無視できる問題ではありません。仕事を始めてから十分な経験を積み一人前になる前に子どもを持つことは、自分の仕事を失うことにつながりかねません。せめて、キャリアに対するダメージは小さなものに抑えたいと考えるのは当然のことです。自身の仕事と家庭生活を両立させるために、出産とそれにつながる結婚を遅らせようと考える女性が増えてきたことが、初婚年齢の上昇に表れているのでしょう。

未婚率の上昇を考える上でもう一つ重要なのは、結婚から得られる「分業の利益」がどんどん小さくなってきていることです。「分業の利益」が大きいのは、夫と妻で得意なもの、苦手なものが大きく異なる場合です。夫の給料が妻より何倍も高く、一方で、妻の家事・育児の能力は夫よりも何倍も高いような夫婦をイメージしてください。この夫婦は、夫が働いて、妻が家事・育児を担当すればお互いにとってメリットが大きいことがわかると思います。

こうした状況は、かつての日本ではたしかに当てはまりました。しかし、現代においては、女性の学歴も上がり、高い収入を得る女性も増えてきています。収入面における男女差が小さくなってきているのです。賃金構造基本統計調査によると、男女雇用機会均等法が制定された1985年時点では、女性は男性の60パーセントの賃金しか得ていませんでしたが、次第に格差が縮小し、2018年には73パーセントまで上昇しています。

一方で、家事・育児の能力については、男女差が小さくなってきたとは言い難いかもしれませんが、家電やサービス業の発達によって、そもそも自分たちで行う家事の総量が少なくなってきています。

料理が苦手なら、外食するなり、惣菜を買うなりすればいいわけです。皿洗いは食洗機に任せて、洗濯は乾燥機付き洗濯機にやらせましょう。掃除だって、ルンバがそこそこいい仕事をしてくれます。待機児童問題は深刻なままですが、昔に比べれば保育園の数は大幅に増えましたから、育児の一部を家庭外で行うことは当たり前になってきています。**世の中が便利になるにつれて、家事・育児能力の家庭における重要性が低下してきている**のです。

他にも、人々の結婚観の変化などさまざまな要因が考えられますが、女性にとって子どもを持つ暗黙の費用が大きく上がったこと、結婚から得られる「分業の利益」が下がっていることが、未婚率が上昇している大きな理由だと、筆者は考えています。

２　どうやって出会い、どんな人と結婚するのか

お見合い結婚から恋愛結婚へ

この節では、結婚における出会いの場の役割を見ていきましょう。実は、未婚率が上昇していることに対する有力な説明には、結婚のメリットだけでなく、出会いの機会も減ってきているのではないかというものがあります。結婚に大きなメリットを感じて結婚に前向きであったとしても、出会いの機会に乏しければ、なかなかゴールに至らないためです。

出会いの機会がどのくらいあるのかを、データで直接検証することは難しいのですが、結婚した人々がどのような出会いから結婚に至ったのかについては、定期的に調査されています。

出生動向基本調査によると、かつてはお見合い結婚が主流でした。次ページの**図表１‐３**は、お見合い結婚と恋愛結婚の割合が時代とともにどう変化してきたかを示しています。調

図表1-3　減り続ける見合い結婚

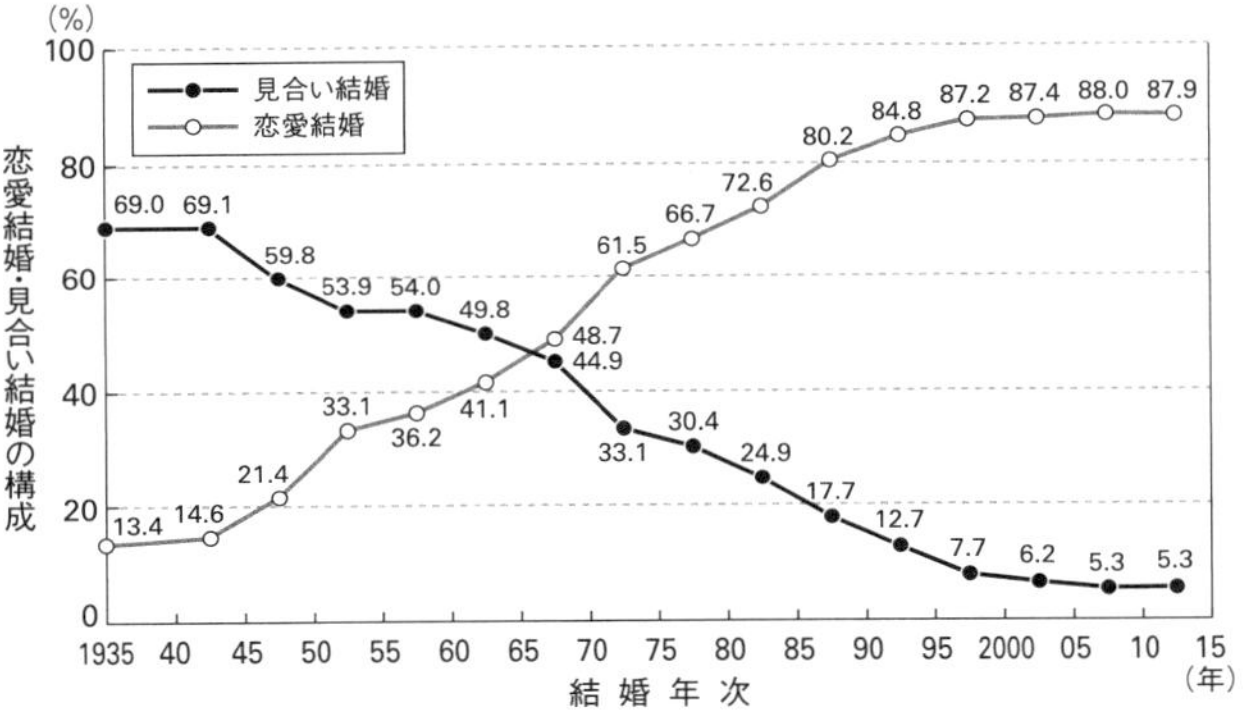

注：対象は初婚どうしの夫婦。第7回調査（1930〜39年から1970〜74年）、第8回調査（1975〜79年）、第9回調査（1980〜84年）、第10回調査（1985〜89年）、第11回調査（1990〜94年）、第12回調査（1995〜99年）、第13回調査（2000〜04年）、第14回調査（2005〜09年）、第15回調査（2010〜14年）による。夫婦が出会ったきっかけについて「見合いで」および「結婚相談所で」と回答したものを見合い結婚とし、それ以外の「学校で」、「職場や仕事の関係で」、「幼なじみ・隣人関係」、「学校以外のサークル活動やクラブ活動・習いごとで」、「友人や兄弟姉妹を通じて」、「街なかや旅行先で」、「アルバイトで」を恋愛結婚と分類して集計。出会ったきっかけが「その他」「不詳」は構成には含むが掲載は省略。

出所）第15回（2015年）出生動向基本調査

査の区分上、こういう分け方をしていますが、お見合い結婚には愛がないなどという話ではなく、お見合いや結婚相談所経由の結婚をお見合い結婚、それ以外を恋愛結婚と便宜上呼んでいます。なお、合計が１００パーセントにならないのは、出会ったきっかけを報告していない回答があるためです。

この調査によると、戦前はお見合い結婚が70パーセント近かったそうですが、一貫して減り続け、２０１０〜２０１４年では約５パーセントにまで減少しています。

対照的に、恋愛結婚は戦前には15

図表１-４　出会いのきっかけ

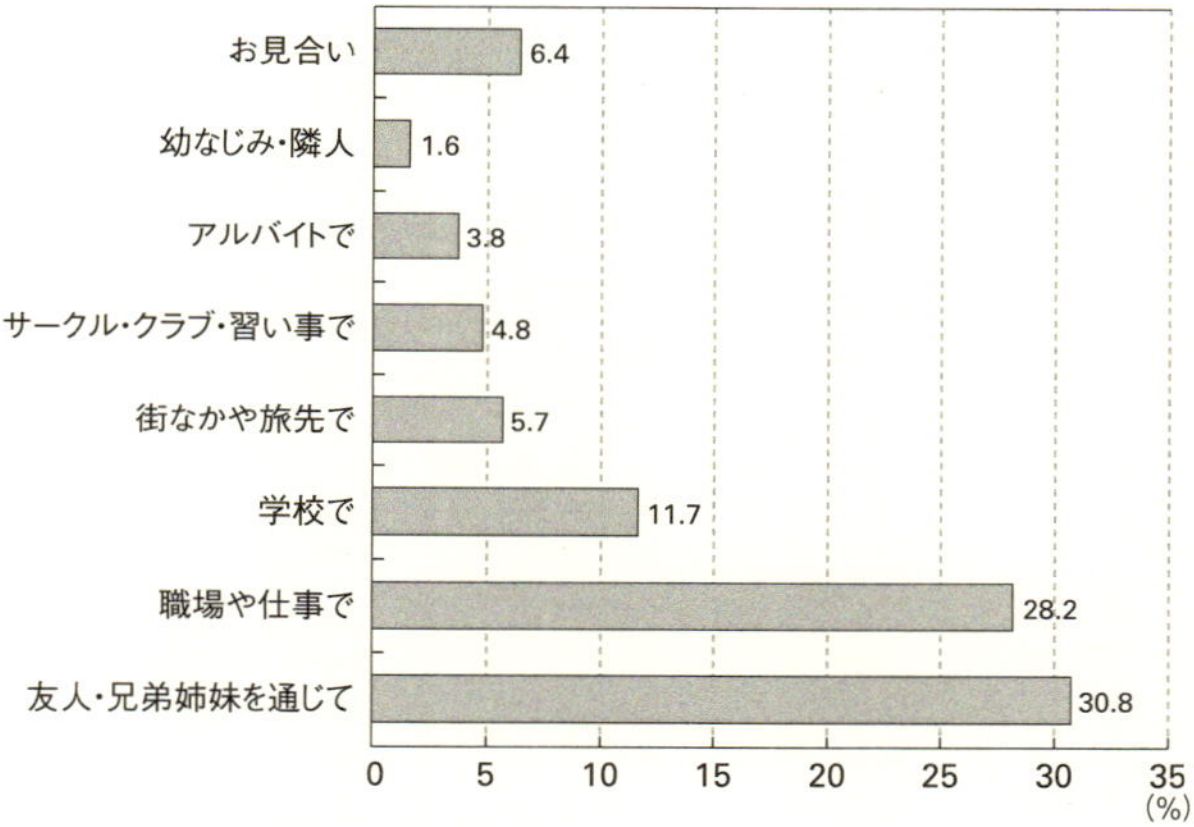

出所）第15回（2015年）出生動向基本調査

パーセントもありませんでしたが、２０１０～２０１４年には、約88パーセントに上っています。

　お見合い結婚が減ってきている理由としては、人間関係が希薄化して世話を焼く地域や職場の人がいなくなった、プライバシー意識の高まりから他人に出会いを仲介されること自体を好まなくなった、イエ意識が薄まり、親が結婚について子どもに指図しなくなったことなどが挙げられていますが、一方で、お見合いのあり方も変化しているため、本当のところについては必ずしもよくわかっていません。

　恋愛結婚といっても、その出会いのきっかけはさまざまです。上の**図表１-４**にあるように、調査ではもう少し詳しく出会いのきっかけを聞いています。これによると、一番多いのは、友人・兄弟姉妹を通じて今の結婚相手に出会ったというもので、およそ31パーセントに上ります。ついで多いのは、職場や仕事で出会ったというもので、これは28パーセントほどです。三番目に多いのは学校で、約12パーセントの夫婦が該当するようです。そして、街なかや旅先で、サークル・クラブ・習い事で、といったきっかけが続きます。

幼なじみ同士が恋愛・結婚するというのは、アニメや漫画でしばしば見かける設定ですが、実際には1・6パーセントに過ぎません。アニメや漫画には、願望や夢が投影される部分もあるのでしょうが、現実にはかなり少ないんですね。

職場での出会いが3割

出生動向基本調査によると、職場や仕事での出会いから結婚に至った夫婦は3割近くに上るようです。

統計上は別立てになっていますが、アルバイトも広い意味では仕事に当てはまるとすると、友人・兄弟姉妹を通じた出会いを上回り、職場は結婚につながる最も有力な出会いの場となっていることがうかがえます。

職場での出会いが結婚につながりやすいのは、日本に限ったことではありません。アメリカ[*5]、オランダ[*6]といった国々でも10～20パーセント程度の夫婦は職場での出会いが結婚のきっかけだったようです。やはり、一緒に過ごす時間が長いため、恋愛関係に発展しやすいのかもしれませんね。

異性の多い職場は、職場結婚も多い

独身男性・独身女性にとって、恋愛や結婚のチャンスが増える職場はあるのでしょうか。一概に言うのは難しいのですが、異性の多い職場はそれだけ出会いのチャンスが多いと考えられるかもしれません。

デンマークの研究[*7]では、職場に異性が多いと、結婚率が上がるかどうかを検証しています。つまり、あなたが女性であれば男性が多い職場、男性であれば女性が多い職場で働くことによって、結婚相手が見つけやすくなるのかどうかを分析したのです。

その結果、独身者が結婚する場合、職場に異性が多いと、その結婚相手が職場の人であることが多いとわかりました。しかし、職場に異性が多いからといって、独身者が結婚しやすくなるわけではないようです。

どういうことでしょうか。職場に異性が多ければ、結果的に職場の人と結婚することが多くなりますが、職場に異性が少ないからといって、結婚の可能性自体が小さくなるわけではないのです。異性が少なければ、友人のつてを使うなりして他の場所で結婚相手を見つけているためです。パートナーを求めて活発に婚活しているならば、職場に異性が多いか少ないかは、結婚するかどうかにとって大して問題にならないのですね。

この分析結果は非常に面白いのですが、これがこのまま日本社会に当てはまるかどうかはちょっとわかりません。定時に仕事が終わり、就業後にも遊びや出会いのために時間を取れるデンマークのような労働環境ならば、職場に異性が多かろうと少なかろうと、うまくパートナーを見つけることができるでしょう。

しかし、日本のビジネスパーソンにとって、残業したり休日出勤したりするのは珍しいことではありませんから、職場外で出会いを求めて活動する時間をあまり取れないかもしれません。もしそうであれば、日本では、異性の多い職場のほうが結婚に至りやすいことになるでしょう。

「不倫」が起きやすい職場がある⁉

異性が多いことで影響を受けるのは、独身者に限りません。実は、**異性の多い職場で働いている人は、離婚しやすい**ことが、同じ研究の中で明らかにされました。職場の同僚がすべて異性である職場で働いている人は、異性が全くいない職場で働いている人と比べて、離婚する確率がなんと40パーセントも高いそうです。

職場に異性が多いと、離婚が増えるのにはいくつか理由が考えられます。まず考えられるのは、職場でより魅力的な相手と出会って、その人と結婚するために離婚するというものです。この研究によると、離婚した人がのちに再婚した場合、再婚相手が同じ職場の人である割合は20パーセントほどに上ります。初婚の人の結婚相手が同じ職場である割合は10パーセントほどですから、かなりの数の人が、**職場の同僚と新たに結婚するために離婚しているよ**うです。

次に考えられるのは、不倫が配偶者にバレるケースです。職場で出会った異性と結婚する気はなくとも不倫してしまった場合、それが配偶者に知れると離婚につながります。このケースがどれくらい多いのか、このデンマークのデータではわからないのですが、いかにもありそうな話です。

面白いことに、職場に異性が多くても離婚になりにくい条件が一つあります。それは、夫婦とも同じ職場で働いていることです。同じ職場にいる配偶者の監視の目が光っているということなんでしょうか。

独身者が恋愛・結婚のパートナーを探し求めるのに比べると、既婚者で積極的に次のパートナーや不倫相手を探して回るという人はあまり多くありません。そのため、職場が異性との出会いの主要な場になっており、職場での異性の多さが、不倫や離婚に結びついてしまっているようです。

カップルの2割がマッチングサイトで出会っている

すでに統計で見てきたように、お見合いは結婚成立に重要な役割を果たしてきましたが、現代ではその役割は小さくなりました。職場や、友人・兄弟姉妹を通じた出会いが、現代における結婚の主要なきっかけですが、実は、ここで見落としている重要な出会いの場があります。

そう、マッチングサイトです。残念ながら、信頼性の高い統計がないため、日本におけるマッチングサイトの重要性は十分にわかっていませんが、多くの国々では、近年急速にその重要性を増してきていると考えられています。**アメリカにおいては男女のカップルの2割がマッチングサイトを通じて出会っている**ようです。[*8]

マッチングサイトは出会いの量を大きく増やし、出会いを求める人々が、より多くの潜在的なパートナーを探すことができるようにしました。仕事で忙しい人は、職場や友人を通じた出会いに期待していると、いつまでたっても自分の望むような人と出会えないと感じているかもしれません。マッチングサイトは、デートするまでの時間を大幅に短縮し、出会いの機会を増やしたのです。

では、マッチングサイトは実際に結婚を増やしたのでしょうか。アメリカの研究[*9]では、マッチングサイト利用の指標の代わりとして、インターネットの普及率に注目しました。この研究によると、インターネット利用機会の拡大がマッチングサイト利用を促し、結婚の増加につながったそうです。アメリカでは1990年代後半から2000年代半ばにかけて、ブロードバンドインターネットが普及しました。実際の普及のスピードには州による違いがあり、ある州では急速に、別の州ではゆっくりとブロードバンドインターネット接続が利用可能になっていきました。

この時期に州ごとの結婚の変化を見てみると、**ブロードバンドの普及が急速に進んだ地域ほど、21〜30歳の白人における結婚率が上がっています。**仮にブロードバンドが全く普及しなかった場合と比べると、結婚数は、13〜33パーセント増えたそうです。

ブロードバンドの発展と、マッチングサイトの利用が結びついていることはデータ上も確認された一方、人々がオフラインで友人や同僚と過ごす時間が減少していることも明らかにされました。出会いの場が、オフラインからオンラインへと次第にシフトしているのです。

興味深いことに、マッチングサイトの恩恵を最も受けたのは同性愛者であるようです。アメリカでも日本でも、同性愛に対しては少なからず偏見があるため、同性愛者はなかなか自分の性的指向を明らかにすることができません。その結果、出会いの機会がかなり限られていますが、マッチングサイトでは容易に自分の潜在的なパートナーと出会うことができます。アメリカでは同性愛者のカップルの7割近くが、オンラインでパートナーと出会ったそうです。[*9]

3　マッチングサイトが明らかにした結婚のリアル

似たもの同士の結婚は世界共通

あなたの周りのカップルはどんな組み合わせが多いですか？　高学歴のカップル、育ちの良さそうな男女のカップル、美男美女のカップル、はたまた背の高い人同士のカップルなどいろいろな組み合わせがあるかもしれませんが、何らかの意味で似たもの同士のカップルをよく見かけるのではないでしょうか。

これまでの社会科学の研究において、似たもの同士の結婚は世界中で共通する現象であると知られています。

日本においても、学歴という点から見れば、似たもの同士の結婚が中心であることがわかっています。次ページの**図表１－５**は、男女の結婚において、どのような学歴の組み合わせで結婚しているかを示していて、円の大きさは、カップルの数を表しています。

この図を見ると、対角線上に大きな円が現れていることがわかります。これは高卒同士、

図表1-5　夫婦間の学歴の組み合わせ

妻＼夫	高卒以下	短大・高専など	大学以上
高卒以下	23%	6%	7%
短大・高専など	13%	10%	18%
大学以上	3%	3%	18%

出所）第15回（2015年）出生動向基本調査をもとに筆者作成

大卒同士といった同じ学歴のカップルがたくさんいることを示しています。夫婦とも短大・高専卒のカップルの割合がやや少ないのは、男性で短大・高専卒の人が少ないためです。また、夫が大卒、妻が短大卒という組み合わせも多いのですが、全体としては、やはり同じ学歴同士の結婚が中心です。

　こうした同じ学歴を持つ人同士の結婚が中心になっているのは日本に限りません。アメリカ、イギリス、ドイツ、デンマーク、ノルウェーといった国々でも同様の傾向が報告されています。[*10]

　学歴に限らず、さまざまな観点から見ても、似たもの同士の結婚はありふれているため、自然なものとして受け止められがちです。しかし、なぜ似たもの同士での結婚が多くなりがちなのでしょうか。

なぜ似たもの同士で結婚するのか

似たもの同士での結婚が多くなりがちな理由には、大きく分けて二つの理由が考えられています。

一つめは、出会いの機会が似たもの同士に限られているというものです。マッチングサイトの役割が大きくなってきているとはいえ、主な出会いの場はやはりネット上ではなくオフラインです。特に、学校や職場、友人などを介して知り合う人が多いため、自分と似たような育ち方をして、似たような仕事についている人と出会いがちです。

本人には、自分と似たような人と結婚したいというこだわりが無くても、自分と異なるタイプの人と出会う機会は限られていますから、結果的に、自分と似たタイプの人と結婚しがちなのです。

二つめの理由は、出会いの機会は十分にあるけれど、人々が自分の好みに従ってパートナーを選んだ結果、似たもの同士で結婚しているというものです。

この説明は、詳しく言うとさらに二つに分けられます。似たもの同士では、自然と惹（ひ）かれ合う傾向があるというのがその一つです。この考え方のもとでは、万人が認めるようなモテるタイプが存在するわけではありません。世の中にはいろいろなタイプの人がいて、好みも人それぞれであるけれど、自分と共通点がある人を好むと考えます。たとえば、同じ学歴の人は、学歴が異なる人よりも価値観が似通っていますし、共通の話題があることも多いため、いい関係に発展しやすいということです。

もう一つは、恋愛において魅力的だと考えられている人同士から順番にカップルになっていく結果、似たもの同士のカップルが成立していくというものです。

この考え方のもとでは、万人が認めるようなモテるタイプが存在し、異性から見て誰が魅力的なのかははっきりしていると考えます。魅力的だと思われている女性（男性）は、多くの人からアプローチを受けるため、その中で最も魅力的な男性（女性）とカップルになることができます。こうして魅力的な男女から順番にカップルが成立していく結果、成立したカップルの魅力の度合いは男女で似通ってくるのです。

いずれの場合も、出会う機会は十分ある上で、人々の恋愛・結婚における好みが果たす役割を指摘しているという点で共通しています。

マッチングサイトがデータ分析を一変させた

似たもの同士での結婚が多く見られる理由には、「似たもの同士が出会う機会が多いから」というものと、「自分と違うタイプと出会う機会は十分あるけれど、好みに従ってパートナーを選んだから」というものの二つがあると述べましたが、どちらがどれだけ重要なのでしょうか。

残念ながら、実社会のデータから、この疑問に直接答えるような分析を行うのはとても難しいのです。これは、結婚に至る前に、どのような出会いがあって、どのような選択をした結果、最終的に結婚に至ったのかを記録するデータがほとんど存在しないためです。

しかし近年、こうした研究上の壁が、マッチングサイトの利用データを分析することで打ち破られました。マッチングサイトには、出会いについての情報が豊富に記録されています。利用者のプロフィールに始まり、実際にどのユーザーにメッセージを送ったのか、送ったメッセージの内容に至るまで、サイト運営者のサーバーに記録が残っています。

アメリカの研究[*2]では、利用者のプライバシーに配慮した上で、マッチングサイト上での利用者の行動を分析し、人々が自分の将来のパートナーに何を望むのか、どのようなアプローチをするのか、最終的にオフラインでのデートに至る理由はなぜなのかを詳しく分析しています。

出会う機会の問題を解決

分析では、マッチングサイト上でやり取りされたメッセージの中の言葉をＡＩで分析し、誰と誰がオフラインでのデートに至ったかを確認しています。具体的には、男女お互いが連絡先を交換した場合、マッチに至ったと判断しています。

このマッチングサイトでは、プロフィールを見たうちのおよそ10パーセントにメッセージを送り、さらにそのメッセージを送ったうちのわずか5パーセントしかデートに至っていないことがわかりました。やはりデートに至るのは一つの大きな成果と見なしてよいでしょう。デートの結果、がっかりしてそれ以来会わなくなるケースもあるでしょうし、交際が進展して結婚に至るケースもあるでしょうが、オフラインの行動はデータ上、知ることができません。

なお、デートに至ったカップルのプロフィールを分析した結果、年齢、容姿、身長、体重、収入、学歴のすべてにおいて、似たもの同士でマッチしていることがわかりました。さらに面白いことに、**男性は女性に対して容姿を、女性は男性に対して経済力を重視する**傾向もわかりました。

これは人々の好みの結果なのでしょうか。それともマッチングサイト上においても、出会いの機会が不十分で、その結果似たもの同士が出会うことになっているのでしょうか。

その答えを見つけるために、この研究ではコンピュータ上でシミュレーションを行いました。データ分析によって明らかになったサイト利用者の好みに基づいて、仮に、出会いの機会が十分ある場合に実現するであろうカップルの組み合わせを導き出したのです。そして、そのシミュレーションの結果と、実際にサイト上で見られたカップルの組み合わせの傾向はほぼ一致していることが明らかになりました。

この結果から言えるのは、マッチングサイト上では、事実上、誰もが誰とでも自由に出会え、出会いの機会が乏しいという問題が存在していないということです。マッチングサイトで生まれる似たもの同士のカップルは、彼ら／彼女ら自身の好みと選択の結果なのです。

出会いの機会を提供するのがマッチングサイトのそもそもの目的であるとはいえ、実際に十分な出会いの機会を提供できているというのはちょっとした驚きです。

フラれても傷つかなくてすむ

マッチングサイトがオフラインよりも出会いの機会を提供していると考えられるのには、二つの理由があります。

一つは、たくさんの人のプロフィールを見ることができるから。もう一つは、アプローチして、たとえうまくいかなかったとしても気まずい思いをしなくてすむからです。

マッチングサイトによってルールは異なりますが、自分が興味を持った相手には簡単にメッセージや「いいね！」を送ることができます。マッチングサイト上では本名や勤務先、学校などを明らかにしないこともあり、相手に無視されたところで大して傷つかないという人が多いようです。そのため、かなり気楽に相手にアプローチすることができるのです。

オフラインではなかなかこうはいきません。私もそうですが、多くの人は、自分がアプローチした相手に冷たくあしらわれると傷つくものです。それでも負けずにいろいろな人に声をかけられるほどハートが強ければいいのですが、実際には傷つくことを恐れて、相手にアプローチすることを控えてしまいがちです。その結果、出会いの機会が限られてしまうというわけです。

マッチングサイトは、匿名性を確保し、気軽に相手に声をかけられるような仕組みをうまく作ることで、オフラインでは考えられないほどの出会いの機会を提供しているのです。もちろん、アプローチした相手が、自分のことを気に入ってくれるとは限らないのですが……。

オフラインのほうが、より似たもの同士になる

マッチングサイトでデートに至ったカップルは似たもの同士であると先に述べましたが、オフラインで結婚に至ったカップルと比べると、どちらがより似たもの同士の組み合わせになっているのでしょうか。マッチングサイト上には、出会いの機会の問題がほぼ存在しないわけですから、オンラインとオフラインでカップルの傾向に差があるとすれば、それはオフラインにおける出会いの機会の乏しさが生み出していることになります。

マッチングサイト利用者の年齢・学歴構成を、社会全体の年齢・学歴構成に合わせるような統計的調整を行った上で、カップルの組み合わせが比較されました。その結果、学歴について見てみると、オフラインの結婚のほうが、より多くの同学歴カップルを生み出していることがわかりました。これは、オフラインでの出会いは似たような学歴の人同士に限られがちであるということを示しています。

世の中で似たもの同士のカップルが多いのには、好みの問題もさることながら、機会の問題も強く影響しているんですね。

真剣勝負の韓国のマッチングサイト

マッチングサイトにも、気楽な出会いを求めるものから、より真剣で、結婚に直結するような出会いを求めるものまでいろいろあります。これから紹介する韓国のマッチングサイト利用者を分析した研究[*11]は、ここまで紹介してきたアメリカの事例と比べて大きく二つの違いがあります。

一つは、利用者のプロフィールに嘘がないことです。この韓国のマッチングサイトでは、年齢、学歴、職業、そして現在独身であることを示す証明書類を、サイト運営者に提出しなければなりません。

もう一つは、マッチングサイトでの出会いが結婚に至ったかどうか知ることができることです。マッチングサイトを介して結婚したカップルの特徴と、オフラインも含めた韓国社会全体の結婚で見られるカップルの特徴を比べることで、マッチングサイトがどのような役割を果たしているのかがわかります。

分析の結果、マッチングサイトを利用した場合、より夫婦間の年齢や学歴、そして離婚歴の有無が似通ってくるとわかりました。

一方で、マッチングサイトを利用することによって、オフラインでは結婚しなかったであろう職業や居住地の人と結婚していることもわかりました。

これらの結果は、やはりオフラインでの出会いの機会が限られていることを示しています。そして韓国の人々は、自分と年齢や学歴、そして離婚歴の有無が同じような人と結婚したいと考えているようです。しかし、出会いの機会が限られるオフラインでは、自分と同じ仕事をしている人や、同じ地域に住んでいる人と結婚してカップルになることが多いようです。

しかし、マッチングサイトを利用すれば、オフラインでは出会う機会のない別の職業の人や、他の地域に住んでいる人とも出会うことができます。マッチングサイトを介した結婚と、韓国社会全体で見られる結婚を比べることで、マッチングサイトが果たしている役割が明らかになったのです。

個人的には、この分析結果はとても腑に落ちるものでした。私の知り合いのある大学の先生は、お医者さんと結婚しましたし、別の先生はフォトグラファーと結婚しました。いずれのカップルも、夫婦ともども高学歴で専門職についていますが、みなさん大変仕事が忙しく、マッチングサイトがなければとても出会うような組み合わせではありません。

こうして身近な方の成功例を知るにつけて、マッチングサイトには割と肯定的な印象を持つようになりましたし、出会いがないとボヤく同僚の先生にはマッチングサイトの存在をお知らせしています。世話焼きの仲人おじさんみたいに思われたかもしれませんが……。

第1章 注

＊1 Hancock JT, Toma C, Ellison N. The truth about lying in online dating profiles. Proc SIGCHI Conf Hum factors Comput Syst-CHI '07. 2007;(May 2014):449. doi:10.1145/1240624.1240697.

＊2 Hitsch GJ, Hortaçsu A, Ariely D. Matching and Sorting in Online Dating. Am Econ Rev. 2010;100(1):130-163. doi:10.1257/aer.100.1.130.

＊3 Hamermesh BDS, Biddle JE. Beauty and the Labor Market. Am Econ Rev. 1994;84(5):1174-1194.

＊4 Lee S. Beauty pays but does investment in beauty? IZA World Labor. 2015;(October):1-10. doi:10.15185/izawol.198.

＊5 Laumann EO, Gagnon JH, Michael RT, Michaels S. The Social Organization of Sexuality: Sexual Practices in the United States. University of Chicago press; 1994.

＊6 Kalmijn M, Flap H. Assortative Meeting and Mating: Unintended Consequences of Organized Settings for Partner Choices. Soc Forces. 2001;79(4):1289-1312. doi:10.1353/sof.2001.0044.

＊7 Svarer M. Working Late: Do Workplace Sex Ratios Affect Partnership Formation and Dissolution? J Hum Resour. 2007;42(3):582-595. doi:10.3368/jhr.XLII.3.582.

＊8 Rosenfeld MJ, Thomas RJ. Searching for a Mate: The Rise of the Internet as a Social Intermediary. Am Sociol Rev. 2012;77(4):523-547. doi:10.1177/0003122412448050.

＊9 Bellou A. The impact of Internet diffusion on marriage rates: evidence from the broadband market. J Popul Econ. 2015;28(2):265-297. doi:10.1007/s00148-014-0527-7.

＊10 Eika L, Mogstad M, Zafar B. Educational assortative mating and household income inequality. NBER Work Pap. 2014;20271(July 2014):46.

＊11 Lee S. Effect of Online Dating on Assortative Mating : Evidence from South Korea. J Appl Econom. 2016;31(6):1120-1139. doi:10.1002/jae.2480

第2章

赤ちゃんの経済学

夫婦二人暮らしも楽しいものでしたが、私にとって、子どもが生まれてからの生活はさらに楽しいものになりました。

もちろん、赤ちゃんのお世話をするのは大変な苦労もあるのですが、日々育っていく我が子と毎日をともにする喜びは大きなものでした。

この章では、家族にそんな幸せをもたらしてくれる「赤ちゃん」について、経済学の観点から考えた話題を三つ紹介します。

一つめは、赤ちゃんが生まれたときの体重、つまり出生体重と赤ちゃんのその後の人生との関わりです。私たちは生まれてきた赤ちゃんの体が大きく、体重が重いと、健康な赤ちゃんが生まれたと喜びます。実は科学的にも、**赤ちゃんの出生体重は、その後の人生と大きく関わっている**ことが明らかにされています。赤ちゃんの出生体重が重いと、大人になってからも健康であることが多いだけでなく、知能指数（IQ）も所得も高くなる傾向があるのです。

このように、生まれたときの体重が赤ちゃんの一生に関わっているのですが、何が理由で赤ちゃんの体重は決まってくるのでしょうか。また、世の中が豊かになってきているにもかかわらず、日本を含む世界中の国々で赤ちゃんの出生体重が下がってきています。一体この背景には何があるのでしょうか。

二つめは、赤ちゃんの生まれ方、具体的には帝王切開で生まれたかどうかが、赤ちゃんの健康を左右するかもしれないというお話です。帝王切開は、医療上必要があってなされるのであれば、お母さんと赤ちゃんの命を救うことのできる重要な手術です。しかし近年、**必ずしも必要であるとは言えない帝王切開が増えてきている**のではないかと懸念されています。なぜそんなことが起きているのか、帝王切開は赤ちゃんの健康にどのように関わっているのか、最新の研究に触れてみましょう。

そして、三つめは母乳育児についてです。**母乳育児は赤ちゃんの健康に好ましい影響があると広く信じられています。**そのメリットは子どもの栄養面、健康面にとどまらず、母子の情緒的なつながりを強め、子どもの知能発達を促すと考えている人もいますが、はたしてこうした話にはどこまでの科学的根拠があるのでしょうか。これまでに数多くの科学的研究がなされてきましたが、その中でも特に信頼性の高い研究から得られた知見をご紹介します。

それでは、これから三つの話題を順番に詳しく見ていきましょう。

1　出生体重は子どもの人生にどのように影響を与えるのか

日本は世界2位の低出生体重児の多い国

日本を含む、**世界中のほとんどの国々で、生まれてくる赤ちゃんの体重が減り続けている**のですが、この事実は保健医療関係者にとって懸念材料になっています。出生時の体重が軽すぎると、その後の健康面に問題が生じ、生まれた後の入院期間が長くなり、成長後の慢性疾患や障碍（しょうがい）につながる傾向があるためです。大きな赤ちゃんが生まれてくると、健康の証（あかし）だとして喜ぶ人は多いと思いますが、そこには医学的な裏付けがあるのです。

世界保健機関（WHO）の定義によると、出生時の体重が2500グラム未満の子どもを低出生体重児と呼びます。この数字は、疫学的調査に基づいて決められたものですが、国や人種、性別によって赤ちゃんの頃から体格も違いますし、低出生体重児が必ずしも健康上の問題を抱えるわけではないので、あくまで一つの目安として捉えられています。

海外の赤ちゃんと比べて、日本の赤ちゃんの出生体重はどのくらい重い、あるいは軽いの

図表2-1　低出生体重児は増えている

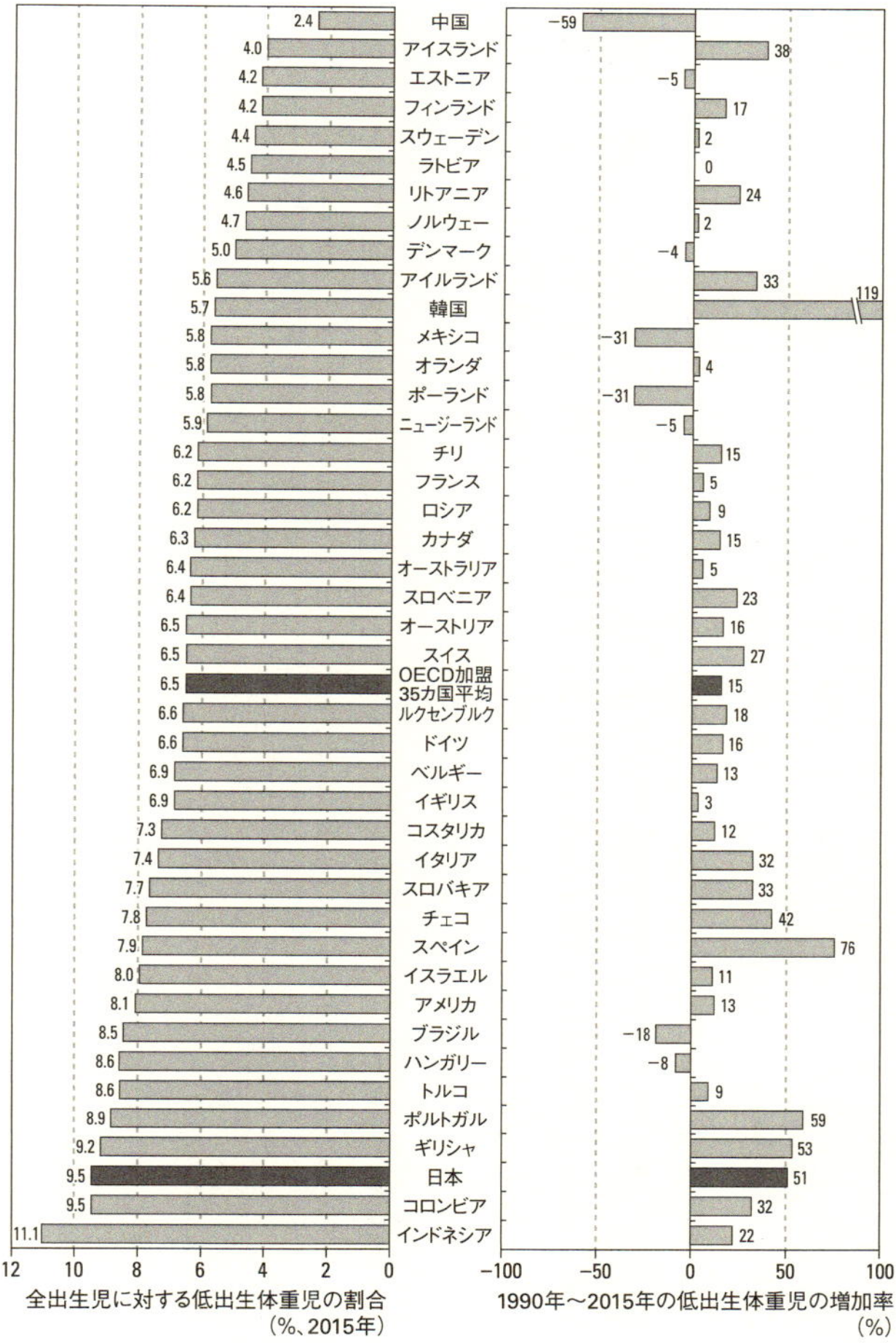

出所）OECD Health Statistics 2017

図表2-2　赤ちゃんの体重は軽くなる傾向にある

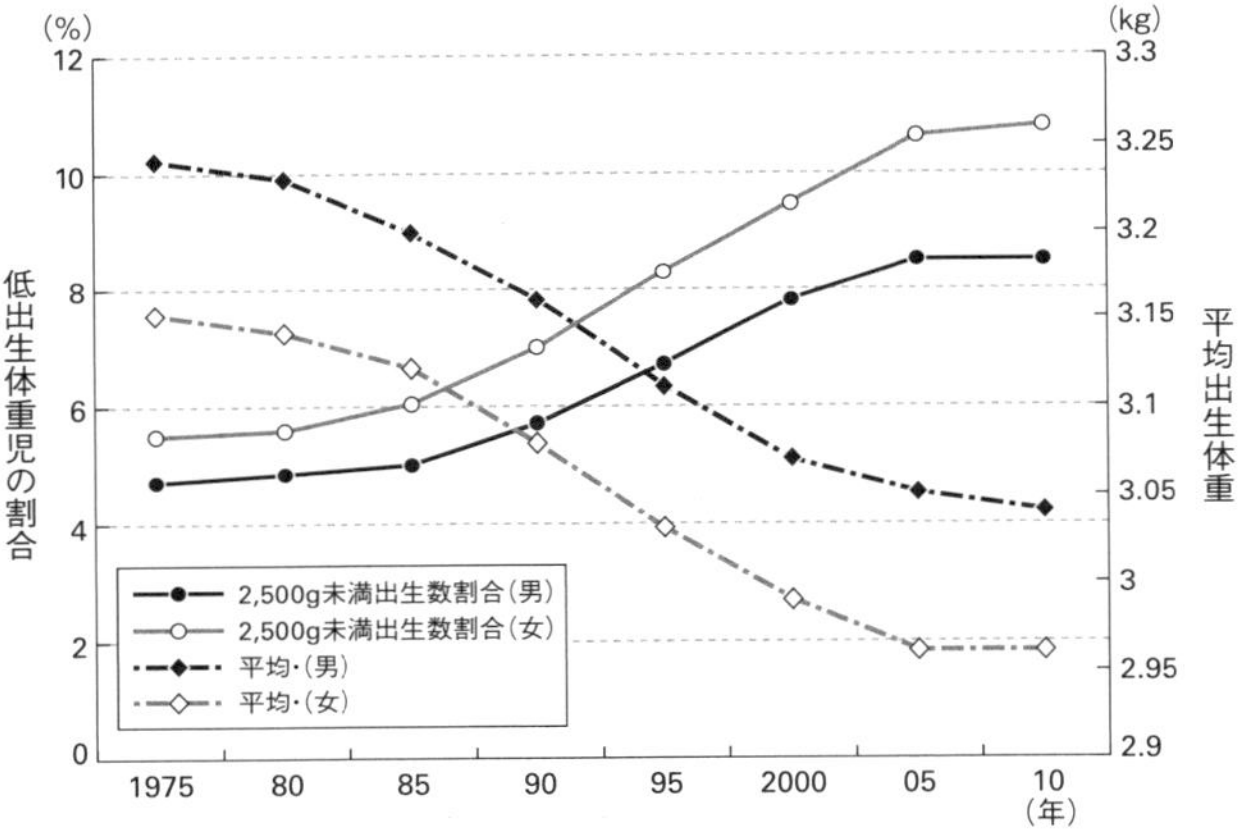

出所）厚生労働省　人口動態統計

でしょうか。前ページの**図表2-1**の左側のグラフは2015年時点での先進諸国について、低出生体重児の割合を示しています。先進35カ国（OECD、経済協力開発機構加盟のうちデータのある35カ国）の平均では、生まれてくる赤ちゃんの6・5パーセントが低出生体重児だそうです。**日本はなんと上から2番目で9・5パーセント（コロンビアと同率）と、世界でも低出生体重児が特に多い国**のようです。日本人は遺伝的に小柄だからという理由はたしかに当てはまるものの、同じアジアの韓国は5・7パーセント、中国は2・4パーセントであり、遺伝以外の要因も少なからず関わっていると考えられています。

図表2-1の右側のグラフは、低出生体重

児の割合が１９９０年から２０１５年にかけてどのくらい伸びたのかを示しています。このグラフを見るとほとんどの国々で、低出生体重児の割合が増えていることがわかります。先進35カ国では15パーセントの伸びを見せていますが、日本は伸び率で見ても上から５番目で、51パーセントも増えています。

日本についてはより詳しい統計があるのでそちらも確認しましょう。右上の**図表２-２**は平均出生体重と２５００グラム未満の低出生体重児の割合を、男女別に示しています。１９７５年時点では、男の子の平均出生体重が３・24キログラム、女の子は３・15キログラムでした。そこから次第に平均出生体重は減り続け、２００５年頃には男女それぞれ３・05キログラムと２・96キログラムまで落ち込みましたが、２００５年以降はほぼ横ばいとなっています。

低出生体重児の割合についてもほぼ同様の傾向が見られます。１９７５年に低出生体重で生まれた男の子の割合は４・７パーセント、女の子は５・５パーセントでした。そこから次第に上がり、２００５年には男女それぞれ８・５パーセントと10・６パーセントまで増え続けましたが、２００５年以降はほぼ横ばいで、低出生体重児の増加に歯止めがかかっています。

働く女性の子どもは、低出生体重児になりやすい

なぜ赤ちゃんの出生体重は減ったのでしょうか。低体重で赤ちゃんが生まれる主な原因は、胎児発育不全や早産にあると言われていますが、その大本の原因には、遺伝的な要因だけでなく、社会経済的な要因が関わっていると言われています。

たとえば、少子化も低体重出生児の増加に関わっています。一般的に、初産では出生体重が低くなりがちなのですが、少子化の影響で初産の割合が高くなったため、全体的な出生体重の減少傾向に関与しているのです。

そして、お母さんの喫煙、アルコールの過剰な摂取、栄養不足は、生まれてくる赤ちゃんの低体重の原因になることが知られています。これらがお母さん自身はもちろん、赤ちゃんの健康にとっても好ましくないことは容易に想像がつくと思いますが、それは疫学的にも根拠のあることなのです。

さらに、最近の研究[*1]で新たに明らかになったのは、**妊娠中にお母さんが仕事をしていると、生まれてくる赤ちゃんが低体重児になる可能性が増す**という事実です。厚生労働省が行った

21世紀出生児縦断調査を用いた分析[*2]によると、**出産1年前にフルタイムで働いていた場合、働いていなかった場合と比較して、出生体重は43グラム軽くなり、低出生体重児となる割合が2・4パーセントポイントも上がります。**この調査における低出生体重児の割合が8・3パーセントですから、2・4パーセントポイントというのはかなり大きな影響であることがわかります。近年、世界中で低出生体重児が増えていることの理由の一端には、働く女性が増えてきたことがあるのでしょう。

妊娠中のお母さんにとってフルタイムで働くことは、健康上、大きな負担となりえますから、生まれてくる赤ちゃんのためにも、ご本人やご家族はもちろんのこと、職場など周囲の人々が、妊娠中のお母さんに対して特別な配慮をしなければいけません。妊娠中のお母さんの健康状態は、生まれてくる子どもの一生に関わっていますから、**電車で席を譲るといった小さなことにも大きな意義がある**のです。

かつては生きられなかった赤ちゃんを救える時代

もう一つの大きな要因として、近年の医療技術の発達も挙げられます。[*3]逆説的に聞こえるかもしれませんが、これは従来では死産となってしまっていた赤ちゃんが、誕生できるようになったためです。誘発分娩や帝王切開による出産は広く行われるようになっていますが、こうした医療技術のおかげで母子ともに健康でいられる一方で、予定日よりも早い出産につながるため、結果として出生体重が軽くなりがちです。また、新生児特定集中治療室（NICU）の整備が進み、未熟児を救うことができるようになったことも、低出生体重児が増えた要因の一つです。

低出生体重児が増えたことは一般的には懸念材料ではありますが、かつては生きられなかった赤ちゃんを救えるようになったことも関係していると知ると、ちょっとホッとしますね。

私の息子は低出生体重児ではないものの、出生体重も軽めで、生後数日はNICUで過ごしましたが、その後みるみる大きくなり立派に育ち続けています。かつては息子のような子どもはすぐに死んでしまっていたかもしれないと考えると、医療技術の発達や、医療関係者の努力には感謝してもしきれません。

そして、**不妊治療技術の発達も低体重出生児の増加と関係がある**と言われています。お母さんの年齢が上がるほど、赤ちゃんの出生体重が下がる傾向があるのですが、不妊治療技術の発達により、出産年齢は上昇してきています。また、体外受精を行う場合には、妊娠率を高めることを目的として複数個の受精卵を子宮に移植することがありますが、これは双子や三つ子などの多胎妊娠につながる場合があります。そして、多胎妊娠もやはり、赤ちゃんの出生体重の低下につながります。

不妊治療技術の発達なくしては生まれてこなかった命が、望まれて生まれてくるわけですから、これは喜ばしいことだと個人的には考えています。一方で、低体重出生はリスクを伴うわけですから、そうしたリスクを補えるような医療や社会の体制が必要です。

低出生体重児の割合は世界中で増えているものの、日本で特に増えている理由の一つには、かつての産科医の「体重指導」が関係しているという説もあります。[*4] みなさんも、「小さく産んで大きく育てる」という言葉を聞いたことがないでしょうか。

これは日本の産婦人科医の間で広く使われてきたフレーズで、妊娠高血圧症候群（妊娠中毒症）の予防を目的として、妊婦の体重が増えすぎないように指導が行われてきました。こうした指導は日本特有で、少なくともアメリカにおいては行われてこなかったようです。

この結果、妊婦の摂取カロリー量が一般の女性と大差ないレベルにとどまり、十分な栄養が取れていないのではないかという懸念が高まるようになりました。２０００年代なかば以降、こうした指導は行われておらず、今では、妊娠中にはより多くのカロリーを摂取するように呼びかけられています。

こうした産科医による指導の変化が、日本における低出生体重児の増加と、２０００年代なかばに始まる下げ止まりと関係している可能性があります。

誤解を招かないために付言しておくと、「小さく産んで大きく育てる」は極端だったとしても、妊娠中の体重やカロリーのコントロールそのものは望ましいことです。巨大児にもさまざまな合併症や問題があるので、妊娠糖尿病の予防や肥満のコントロールは必要なのです。実際、中進国・発展途上国では医療水準が上がる中、妊婦への適切な体重指導が進んだ結果として、出生時の平均体重が減少したのかもしれません。

関連した要因として、日本人女性は、ここ数十年でＢＭＩ（肥満指数）が顕著に減少していて、摂取カロリーも長期的に減少していることも挙げられます。[*5] また、日常的にあまり食べないお母さんにとって、妊娠中に体重を増やし出生体重を大きくするのは容易ではないため、これも低出生体重児の増加に関わっていると考えられます。

出生体重で子どもの将来が決まるのか？

低体重で生まれてきた赤ちゃんは、幼少期だけでなく成人してからも、さまざまな健康上の問題を抱えがちであることが知られていました。この現象の背景にあるのは、母体の中で胎児として過ごす時期が生涯にわたる影響を及ぼすとする「胎児期起源説」で、イギリスの疫学者、バーカー教授によって提唱された考え方です。[*6]

この「胎児期起源説」によると、胎児の頃の健康状態は、生まれてからの長期にわたる健康状態と深く関わっており、その影響は幼少期には明らかでなかったとしても、大人になってからよりはっきりとした形で現れます。たとえば、**低体重で生まれると中年期以降に糖尿病や心臓病を発症しやすくなる**そうです。

そして、出生時の低体重の悪影響は、健康面にとどまらないのではないかという懸念が経済学者の研究によって示されています。たとえば、**出生時に低体重で生まれた子どもは、幼少期の問題行動が多く**[*2]**、学力面で問題を抱え、成人後も所得が低くなりがち**であることが報告されています。[*7]

これらの研究では、低体重で生まれた子どもと、そうでない子どものその後の成長を比較することで、出生体重と学力などとの関係を調べているのですが、気をつけなければいけないのは、ここから直ちに低体重が原因で、その後の学力などに問題が生じたと結論付けることはできないということです。

すでに説明したように、子どもの低出生体重の原因の一つには、お母さんの喫煙や飲酒といった行動が挙げられます。現代では、妊娠中の喫煙や飲酒が胎児に悪影響を及ぼすことは広く知られていますが、それを知っていながらも喫煙や飲酒をしてしまうお母さんが、子どもの発達に理想的な子育てをしてくれるとは考えにくいでしょう。したがって、**低体重で生まれた子どもの学力に問題が生じがちであることの原因が、低体重にあるのか、お母さんの子育ての仕方にあるのか明確な区別がつけられません。**

ノルウェーの研究[*8]では、こうした問題を解決するために、双子、特に一卵性双生児たちに注目しました。一卵性双生児は基本的に全く同じ遺伝情報を持っていますから、顔貌もよく似ているのですが、出生体重には多少の差があります。一卵性双生児の間で、その後の学力や成人後の所得を比較し、それが出生時の体重とどのように結びついているかを調べるのです。双子の間での比較なので、遺伝情報も家庭環境も全く同一であり、出生時の両者の違いは体重だけですから、この方法で出生体重の純粋な影響がわかるのです。

分析の結果、**出生体重が重いほど、出生時の健康状態は良く、生後1年間の生存率も高いこと**がわかりました。やはり、出生体重は健康状態を表す重要な指標のようです。そして、将来のＩＱや高校卒業率、所得にも影響があることがわかりました。具体的には、**出生体重が10パーセント増えると、20歳時点でのIQは0・06高く、高校卒業率は1パーセント上が**

り、所得も1パーセント増えるそうです。遺伝や家庭環境といった要因を取り除いても、出生体重が子どもの将来に無視できない影響を及ぼしている可能性が示されました。

ただし、この結果が双子ではなく、単体児にも当てはまるかどうかは明らかではないことには注意が必要です。したがって、低出生体重が原因となってその後の人生に悪影響を及ぼすかどうか、完全には結論が出ているとは言えません。重要なのは、低出生体重の背景にどんな原因があるかです。もし低出生体重の原因が、胎児や妊婦の病気であったり、貧困やダイエットによる栄養不足であるのならば、子どものその後の人生に悪影響を及ぼす可能性があります。

妊娠中のお母さんの健康状態・栄養状態が子どもの一生に少なからず関わってくるわけですから、妊娠中のお母さんはいつも以上にご自身の健康に気をつけてください。また、**家族や周囲の人が、妊娠中のお母さんに配慮することには大きな意味があるので、積極的に手を貸してあげるようにしたいですね。**

2　帝王切開は生まれてくる子どもの健康リスクになるのか

日本では帝王切開が増え続けている

帝王切開は、分娩時にお母さんや胎児に異常が見られた際に、両者の命を守るために行う手術です。世界保健機関（ＷＨＯ）によると、医学上必要があって行われる帝王切開は、出産全体の10〜15パーセントほどであるべきだとされていますが、近年、帝王切開の割合は世界中で増えてきています。

先進31カ国における帝王切開の割合は、２０００年時点で20パーセントとすでにＷＨＯが推奨する水準よりも高かったのですが、ここからさらに増えて、２０１５年には28パーセントに達しました。[*3]

日本における帝王切開の割合はどのようなものでしょうか。左の**図表２‐３**は厚生労働省が行う医療施設調査に基づいて、帝王切開手術の割合をグラフにしています。診療所よりも、病院で行われる出産のほうが、帝王切開の割合が高くなっており、１９８４年から２０１４

図表２-３　増える帝王切開

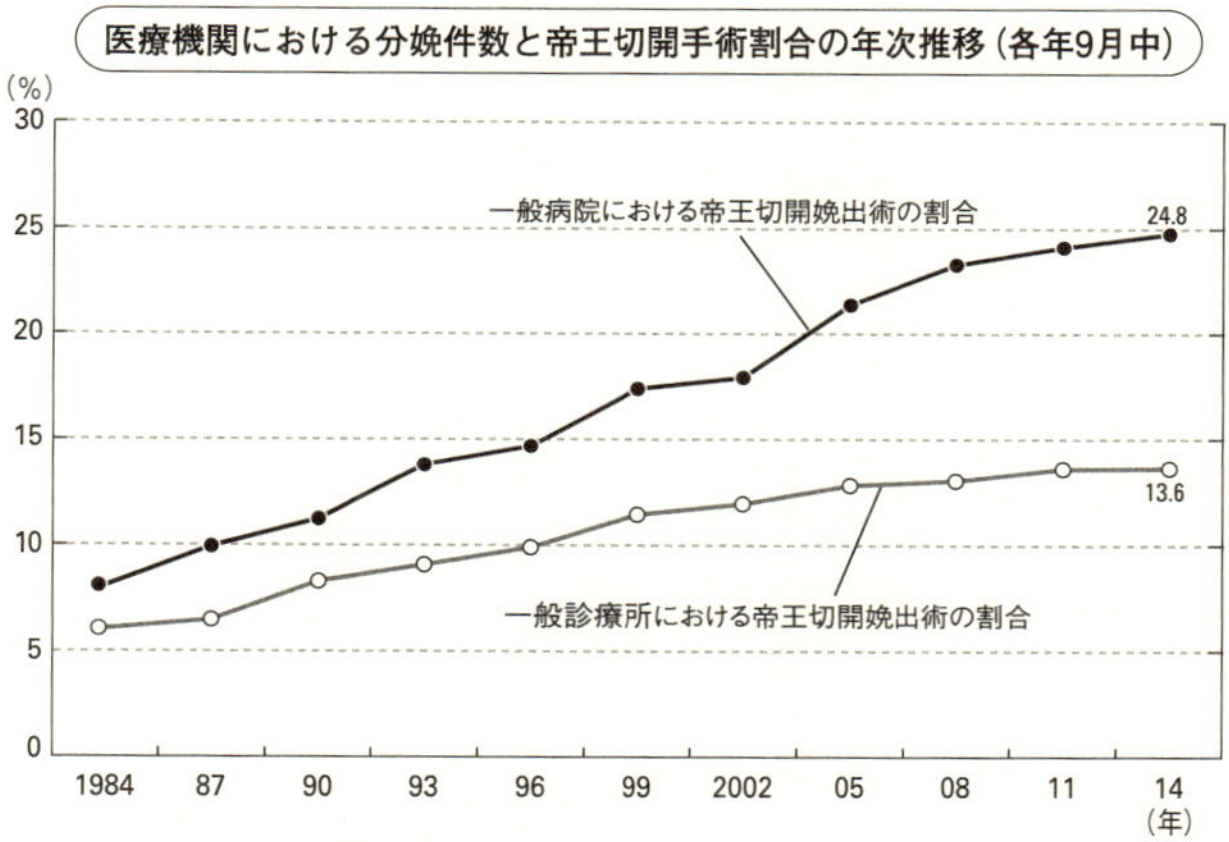

出所）厚生労働省　医療施設調査

年にいたるまで、いずれの医療施設においても帝王切開の割合は増え続けていることがわかります。先進国平均よりは低いものの、一般病院における帝王切開の割合は２０１４年で24・８パーセントと、やはりＷＨＯが推奨する15パーセントを大きく上回っていることがわかります。

必要以上に帝王切開が行われている疑いがある

なぜ、帝王切開が増え続けることは問題なのでしょうか。

もちろん、医療上必要に応じて行われるのならば、お母さんと赤ちゃんの生命を守る上で必要なわけですから、全く問題ありません。

ただ、**必要以上の帝王切開が行われている疑い**があり、もし本当にそうであれば問題です。帝王切開は比較的安全な手術とされていますが、やはり「手術」なのです。普通分娩よりはリスクがありますから、お母さんと赤ちゃんの安全のために、避けられるなら避けるべきでしょう。

また、不必要な手術が行われているということは、不必要な医療費が発生しているということでもあります。日本を含む世界中の国々で、医療費の負担は大きな社会問題となっています。医療費のムダを削減すべきだというのは、当然のことでしょう。

そして近年、注目されているのが、帝王切開で生まれてくる子どもの健康や発達に対する悪影響です。現段階では、必ずしも決定的な証拠が出ているとまでは言えないのですが、帝王切開で生まれてくる子どもには健康上の問題が生じやすく、その後の発達にも悪影響を指摘する研究が少なくありません。

帝王切開のほうが儲かる場合……

帝王切開の件数は世界中で増え続けていますが、もちろん、その中には医学上必要があって行われるものも含まれています。

一方で、医学上必ずしも必要がないような帝王切開が多く見られ、その数が増えていると も言われています。

なぜ数が増えているのか。その背景には、医療者に対する訴訟リスクがあるようです。[*9] 医療者が最善を尽くしていたとしても、医療事故が起きた際に、遺族から多額の賠償金を請求されるだけでなく、刑事事件として告訴され、マスコミにも批判的に報道されるリスクもつきまといます。訴訟リスクをできるだけ小さくするために、少しでも不安があれば帝王切開を選ぶ医療者の立場も理解できます。

また、国によっては診療報酬体系のせいで、帝王切開が必要以上に行われているのではないかとも言われています。提供した医療サービスの内容によって報酬が支払われる出来高払い制度のもとでは、通常分娩よりも帝王切開のほうが高い報酬が支払われます。こうした診療報酬体系のもとでは、医療者が帝王切開を選ぶ経済的なインセンティブが組み込まれているのです。

アメリカの研究[*10]では、**少子化が進み、出産件数が減ることによる収入減を補うため、産科医が1件あたりの報酬が高い帝王切開を選ぶようになった**ことが報告されています。カナダの研究[*11]でも、帝王切開で得られる診療報酬が引き上げられた州では、産科医によって帝王切開が選ばれやすくなることがわかりました。

もちろん、お金儲け第一主義のお医者さんはどの国でもごく一部に限られるとは思いますが、帝王切開を選ぶことを医療上ある程度正当化できる場合には、帝王切開がより選ばれやすくなることは否めません。これらの研究は、医療においても、経済的なインセンティブが無視できない影響を持っていることを示しています。

そして、患者側の都合による帝王切開も少なくありません。**帝王切開のほうが楽に出産できるという誤解が一般の人々の間に広まり、帝王切開を望む患者が増えてきた**と言われています。また、患者にとっても医療者にとっても、予定が立てやすい帝王切開を便利だと感じる人が増えてきており、人々が帝王切開を好むようになってきていることも増えている理由だとされています。

帝王切開と子どもの健康

医療上必要な帝王切開はお母さんと赤ちゃんの命を救うものですが、そうでない場合に行われると、お母さんと赤ちゃんの双方に、健康上の悪影響が及ぶのではないかという懸念もあります。[*12]

お母さんについては、帝王切開のために入院期間が長くなり、分娩後の出血や心停止のリスクが上がることが報告されています。また、その次以降の妊娠にも悪影響があるとされており、胎盤の異常が発生しやすくなったり、早産が起こりやすくなったりするようです。

帝王切開で生まれてくる子どもについては、肺や呼吸器の機能に問題を抱えたり、免疫発達に問題が生じ、アレルギーや喘息を患いやすくなったりするようです。また、腸内細菌の種類が減少したりすることも報告されています。一方で、**注意欠陥・多動性障害や自閉症との関係はない**ものと考えられています。

さまざまな研究が帝王切開の持つ健康上の悪影響を報告していますが、これらにも限界はあり、確定的な知見を得るには至っていないことには注意が必要です。

一般的に言って、帝王切開を行う場合には、そうでない場合と比べて、お母さんと胎児の健康状態が悪い可能性があります。もしそうならば、帝王切開を行ったお母さんと子どもには健康上の問題が生じやすくなりますが、それはもともとの健康状態が悪かったせいで、帝王切開が原因ではありません。

多くの研究では、もともとの健康状態を考慮に入れて統計学的な分析がなされていますが、そうした取り組みが完璧に行われていない可能性は十分にあるため、まだまだ確定的な評価を下すのは難しく、さらなる研究が必要とされています。

帝王切開が子どもの健康に及ぼす悪影響について、決定的な証拠が出てきてはいないものの、そのメカニズムについては三つの仮説[*12]が提示されています。

一つめは、**お母さんが持つ細菌や微生物を、赤ちゃんがうまくもらうことができない**というものです。こうした微生物は免疫機構の発達に必要で、特に生まれてからの数週間には重要な役割を果たすと考えられています。

二つめは、**通常分娩の際に生じるお母さんのストレスホルモンと、産道を通る際にかかる物理的な力を受けられなくなってしまうため**だというものです。これらは赤ちゃんにとって生理学上重要な刺激ですが、帝王切開では生じないものです。

三つめは、**出産方法により遺伝子発現が影響を受けて変化してしまい、赤ちゃんのその後の健康に影響を及ぼす**というものです。

いずれの説も、その正しさが十分検証されたとは言えないようですが、出産方法と生まれた子どもの健康の間に関係があることは、生物学的にも説明がつきうるようです。

帝王切開は劣っていない！

この節では、帝王切開がお母さんと赤ちゃんの健康に悪影響を及ぼしかねないことを紹介しました。一方で、繰り返しになりますが、医学上の必要があって行われる帝王切開が多くのお母さんと赤ちゃんの生命を救ってきたことも忘れてはなりません。今後も、お医者さんが必要と認めれば、ためらわず帝王切開を行うべきことは間違いないのです。

また、帝王切開にはマイナス面が伴うとはいえ、**帝王切開を行ったお母さんを批判するようなことはあってはなりませんし、帝王切開で生まれた子どもは問題のある子どもだというような偏見は誤りですから、そうした見方をすべきではありません。**帝王切開がお母さんと子どもの健康に悪影響を及ぼすのならば、その問題を軽減するための支援を提供する制度を築いていく必要があります。

そして、医療制度や法的リスクの問題、人々の認識の変化といった理由によって、不要な帝王切開が生じているのならば、それらを減らすような形で社会制度を調整していくことも同様に必要でしょう。

3　母乳育児は「メリット」ばかりなのか

母乳育児の素晴らしさは医師・看護師・助産師ら医療関係者には広く受け入れられています。そのメリットは子どもの栄養面、健康面にとどまらず、母子の情緒的なつながりを強め、子どもの知能発達を促すと考えている人もいるほどです。

専門家に限らず、母乳育児は素晴らしいものであると素朴に信じている一般の方も少なくありません。親族や知り合いの方に「赤ちゃんには母乳が一番なんだよ」などと言われたことがある読者の方もいるのではないでしょうか。

こうした人々に加えて、メディアやネットではさまざまな体験談があふれていますし、お母さんの不安につけ込んで商売するような、うさんくさい自称専門家もいます。不衛生な「母乳」をネット通販する業者の存在さえ報告されています。

間違った情報に惑わされずに、お母さんが子どもと自分自身にとって最も望ましい選択ができるようになるために、これから紹介する科学的知識のエッセンスに触れてみてください。

母乳育児はどんなメリットがあるのか。

それに伴う手間も含めた負担はどのようなものであるのか。

これらを正しく理解した上で、どのように母乳育児を進めるのかを決めれば、**たとえすべてがうまくいかなかったとしても、後悔が少なく、あとあと納得がいくものです。**

これから、最も信頼性が高いと考えられる科学的研究を取り上げて、母乳育児が子どもたちにもたらす健康面、発達面のメリットについて紹介していきます。この研究では、母乳育児が生後1年以内の子どもの健康に寄与し、乳幼児突然死症候群の減少にも関わっていることが示されました。

一方で、それまではあると信じられてきた、母乳育児の長期的な効用については否定的な結果が示されました。一部専門家の間でも、母乳育児は子どもの肥満、アレルギー、喘息、虫歯を予防し、ひいては問題行動の減少と知能の発達にも役に立つと思われていましたが、こうした効用についての信憑性（しんぴょうせい）には疑問が呈（てい）されたのです。

母乳育児にまつわる話の何が「真実」で、何が「神話」なのか。

これから詳しく見ていきましょう。

母乳で育った子ども、粉ミルクで育った子ども

母乳育児について最も信頼性が高い科学的研究は、1996年にベラルーシで行われたプロビット[*13]と呼ばれる母乳育児促進プログラムから生まれています。カナダにあるマギル大学のクラマー教授らが行ったこのプログラムでは、1万7046人の子どもとそのお母さんが対象で、出生時から子どもの健康状態、発達状態を追跡調査しています。最新の調査は子どもが16歳時点で行われました。

このプログラムでは、抽選で選ばれた16の病院に所属する医師・看護師・助産師に研修を受けてもらい、お母さんが母乳育児を行う上で必要となる知識や手助けを提供できるようにしました。研修内容は、世界保健機関（WHO）とユニセフによって監修されたものです。

一方、抽選で選ばれなかった病院は15あり、これらの病院では特別な研修は行われませんでした。

分析の基本的な考え方は、母乳育児促進のための研修を行った病院で生まれた子どもと、行わなかった病院で生まれた子どもを比べることで、母乳育児の効果について理解しようというものです。

数ある母乳育児に関する研究の中でも、ベラルーシのプログラムから得られた分析結果が、最も信頼性が高いと考えられているのは、母乳育児促進のための研修を行うかどうかを抽選で決めているためです。

母乳育児に関する研究で最も多いのは、母乳で育った子どもと、粉ミルク（人工乳）で育った子どもを比較するものです。こうした研究では、母乳で育った子どものほうが健康で、知能面の発達も優れていることがしばしば報告されています。

しかし、これは母乳育児が健康増進や知能発達に役立つことを必ずしも意味しません。なぜなら、**母乳で育った子どもと、粉ミルクで育った子どもの家庭環境が大きく異なる**からです。母乳育児にさまざまなメリットがあることは広く信じられてきたため、子育てに熱心で、学歴の高いお母さんほど母乳育児に積極的な傾向が見られることはよく知られています。

そのため、**母乳で育った子どものほうが発達面で優れていたとしても、それが母乳育児によるものではなく、経済的に豊かな家庭で育ったことによるものなのかもしれませんし、お母さんの高い知能が遺伝したことによるのかもしれません。**

したがって、母乳育児の有無で子どもを比較しても、母乳育児の効果について正しく知ることはとても難しいのです。

一方、ベラルーシで行われたこのプログラムでは、母乳育児促進のための研修を医師・看護師らに行うかどうかを無作為抽選で決めています。抽選は公正に行われているため、大規模病院ほど選ばれやすいとか、低所得地域にある病院だから選ばれにくいといったことはありません。そのため、研修を行った病院と行わなかった病院の間で、平均的な質や規模に違いはありませんし、地理的な偏(かたよ)りもありません。

その結果、研修を行った病院で出産したお母さんの年齢・学歴・家族構成などは、研修を行わなかった病院で出産したお母さんたちとほとんど変わりがありません。ただ一点、母乳育児促進プログラムで研修済みの医師、看護師らに指導を受けたかどうかだけが異なるのです。

そのため、研修が行われた病院で生まれた子どもと、行われなかった病院で生まれた子どもを比較すると、平均的な家庭環境などの違いがないため、両者の違いは母乳育児から生じたものだと考えることができるのです。

なぜベラルーシの研究なのか

研修を行うかどうかを抽選で決めることで、家庭環境などの違いを取り除けるとしても、なぜベラルーシで行われた研究が日本にとって意味があるのかと、疑問に思うかもしれません。

ベラルーシは、プログラムが実施された当時から基本的な医療体制が整っている上、衛生状態も良好です。安全・清潔な水道が整備されていますし、都市だけでなく地方部にも十分な数の病院があります。こうした点において、ベラルーシは日本を始めとする先進諸国と似ているため、ベラルーシで行われた研究結果は日本にとっても妥当性のあるものだと考えられるのです。

もちろん、日本で同様の研究が行われれば話は早いのですが、費用や時間、制度、倫理面などにさまざまなハードルがあり容易には実行に移せません。現段階では、ベラルーシの研究が日本にとっても有益な知見を提供していると考えてよいでしょう。

母乳育児で生後1年間の胃腸炎と湿疹が減少

このプログラムの目標は、医師・看護師・助産師らに研修を受けさせることによって、最終的にはお母さんの母乳育児を促進するというものです。この目標は、見事に達成され、完全母乳育児（母乳のみを与える）または混合育児（母乳と粉ミルクの併用）を行ったお母さんは大幅に増えました。

生後3カ月時点での完全母乳育児の割合は、研修を行った病院で出産したお母さんについては43パーセントと高かった一方、研修を行わなかった病院で出産したお母さんについてはわずか6パーセントでした。6カ月時点での完全母乳育児の割合は、両グループとも大幅に落ちるものの、研修ありでは8パーセントだったのに対して、研修なしでは1パーセントと、やはり研修を行うことで母乳育児が大幅に増えています。

では、母乳育児が大幅に増えた結果、子どもの健康にはどのような影響があったのでしょうか。

生後1年間の乳児の健康状態を調べたところ、研修ありの病院で生まれた子どもについては**感染性胃腸炎とアトピー性湿疹（しっしん）にかかる割合が減っていました**。研修の有無以外では両グループの子どもたちに違いはありませんから、これは母乳育児の成果と考えることができます。一方で、発熱・せき・たんを主な症状とする気道感染症については効果が見られませんでした。

さらに、何の予兆や既往歴もないまま乳幼児が死に至る原因のわからない病気、**乳幼児突然死症候群（SIDS）の発症率も減少**しています。2011年の人口動態統計によると、

ＳＩＤＳは赤ちゃん1万人あたり1人と稀にしか発生しませんし、母乳育児がなぜＳＩＤＳを減らせるのかについてはよくわかっていませんが、知っておくべき事実です。

肥満・アレルギー・喘息防止効果は確認できず

母乳育児の長期的な効果の一つとしてよく挙げられるのが、子どもの将来の肥満の防止です。このプログラムでは調査が継続して行われたため、母乳育児が肥満の防止に本当に役立つのか、検証がなされています。**身長・体重・肥満度（ＢＭＩ）に加えて、肥満と相関の高い血圧を6歳半時点で調べましたが、母乳育児はこれらすべてについて影響を与えていないことがわかりました。**[*14]

続けて行われた11歳半時点での調査では、身長、体重、ＢＭＩ、体脂肪率に加えて、成長に影響を与えるとされるインスリン様成長因子などを調べることで、多角的に肥満に対する影響を評価しました。この調査でも、母乳育児は肥満防止には役立っていないことが示されたのです。[*15]

さらに、16歳時点で行われた調査でも、ＢＭＩや血圧などさまざまな角度から肥満について調べられましたが、ここでも母乳育児は肥満防止につながっていないと確認されました。[*16]

生後1年については、母乳育児がアトピー性湿疹を減らすという結果をすでに得ていますが、その長期的な効果はどうでしょうか。

6歳半時点で行われた調査では、**アレルギー・喘息を防ぐ効果は認められませんでした**。[*17]のちに16歳時点でも喘息とアトピー性湿疹に対する効果が調べられましたが、やはりほとんど効果は見つけられませんでした。[*18]

知能・行動面に対する長期的な効果も確認できず

母乳育児が効果を持つと言われるのは主に健康面ですが、子どもの知能や行動面にも影響を持つと考えている専門家もいます。**知能発達は将来の学歴・所得・職業・結婚などと強く相関している**[*19]ことはよく知られていますから、子どもの将来を考える親にとっては非常に気になるところです。

また、近年の研究では**幼少期の問題行動が、成年期の問題行動、極端な場合には犯罪への関与と関係していることが明らかにされている**ため、知能発達とは別に注目する必要があります。[*20][*21]

6歳半時点の調査では、知能テストを行うと同時に、学校の先生による子どもの学力評価も検証の対象にしています。分析結果によると、**知能テスト・先生の評価のどちらで見ても、母乳育児で育った子どものほうが高い成績を上げていました。**[*22]

母乳の成分が作用しているのか、母乳育児を通じて母子の関わり方が変化することが影響しているのか、そのメカニズムについてはよくわかっていませんが、母乳育児は子どもの知能面の発達に寄与したという興味深い結果が得られました。

しかし、**残念ながらその効果は長くは続かない**ようです。16歳時点での知能発達を評価するために、さまざまな角度から知能テストを行いましたが、全体的には、**母乳育児は16歳時点での知能発達に有益であるという結果は得られませんでした。**[*23]

行動面に与える効果はどうでしょうか。親と学校の先生が6歳半の子どもについて、問題行動や多動傾向、友人関係などを評価しました。分析によると、親からの評価、学校の先生からの評価のいずれについても、母乳育児の効果を認められませんでした。[*24]

母乳育児の「真実」と「神話」

ベラルーシの母乳育児促進プログラムとそこから始まる一連の追跡調査は、日本を始めとする先進国にとって、母乳育児の効果について、最も信頼性の高い科学的根拠を提供しています。

そこで得られた結果をまとめると、母乳育児は生後1年間の子どもの健康面に好ましい影響を与えることが確認されました。胃腸炎とアトピー性湿疹を抑え、さらには乳幼児突然死症候群を減らしている可能性が示されています。

一方で、健康面や知能面に対する長期的なメリットは確認されませんでした。健康面についてはすでに取り上げた肥満・アレルギー・喘息に加え、虫歯[*25]についても検証がなされましたが、いずれについても効果が認められませんでした。知能面では、6歳半時点では好ましい効果が見られたものの、16歳時点では効果が消えてしまっているようです。

母乳育児に関する研究は数多くあり、その中にはここで紹介したベラルーシの追跡調査と異なる結果を出しているものもあります。しかし、そうした研究のほとんどは、母乳育児で育った子どもとそうでない子どもを比較することで母乳育児の効果を測っています。そのため、子どもの発達の違いが本当に母乳育児の有無によるものなのか、家庭環境や両親からの遺伝、両親の子育てに対する態度の違いといった要因によるものなのか、必ずしも区別をつけることができません。

ベラルーシの調査は、先に述べたように、母乳育児促進のための研修を行う病院を抽選で選ぶことによってこの問題を克服した稀なケースで、その結果は特に信頼性が高いと考えられています。

母乳育児には乳児にとって健康面のメリットがあることは疑いがありません。しかし、**一部で喧伝（けんでん）されているメリットは、必ずしも科学的に信頼性の高い方法で確認されたわけではない**ことは知っておいてよいでしょう。

母乳育児を阻む壁

母乳育児のメリットはややオーバーに喧伝されてきたとしても、乳児の健康に対する効果は間違いありません。お母さんが母乳育児を望むなら、ぜひ取り組んでほしいと思います。

しかし、母乳育児の最大の障害はその手間です。特に働きながら子どもを育てるお母さんにとって、母乳育児には大変な苦労がともないます。働く時間や就業そのものを犠牲にすることも少なくありません。

歴史的に見ても、母乳育児からの「解放」が女性の労働市場進出を支えてきたとする研究があります。[*26] この研究では、過去の新聞に出稿された広告を追うことで、粉ミルク登場以降、その値段がどのように推移してきたかを調べました。

調査によると、1935年から1960年にかけて粉ミルクの値段は82パーセントも下がりました。値段が劇的に下がるにつれて、粉ミルクはお母さんたちの間で広く普及しました。とりわけ、働くことを希望するお母さんたちにとっては大きな育児負担の軽減につながるため、**粉ミルクの普及は当時のお母さんたちの就業の増加に大きく寄与した**と分析されています。

幸い、2018年の厚生労働省の乳等省令改正により、日本国内での液体ミルクの製造・販売が可能となりました。お湯で溶かしたり、温めたりといった作業が不要で、すぐに飲ませることができるため、非常に便利だとされています。私自身もカナダに住んでいた頃に何度か使ったことがありますが、たしかに便利です。ちょっと値段が高いのが気になるところですが、液体ミルクをうまく利用することで、育児負担を軽くできるのならば、特に働くお母さんにとっては大きな助けとなることでしょう。

働きながらの母乳育児はお母さんに多くの負担がかかります。お母さんに対する十分なサポートなしに母乳育児を推進することは、結果的にお母さんに負担を押しつけることになりますし、女性の労働市場進出の妨げになりかねません。

では、どのようなサポートや制度があれば、母乳育児を望む女性が自分のキャリアを犠牲にすることなく、働きながら母乳育児に取り組むことができるのでしょうか。

充実した育児休業制度は母乳育児の助けに

有効性があると示されているのは育児休業制度です。日本を含むほとんどの先進国では育児休業が制度化されており、出産・育児のために一時的に職場を離れた後に元の職場に戻る権利が保障されています。加えて、育児休業期間中の所得補償も一定程度なされるため、育児休業を取得しても大きく所得が減らないような制度設計がなされています。

母乳育児は大変なことではありますが、働いている状態ではなく、育児休業中であれば、お母さんの苦労は少しでも軽減されるはずです。同時に、職場復帰の権利が保証されているため、自身のキャリアを大きく犠牲にすることもありません。育児休業は、母乳育児とお母さんのキャリアを両立させる上で有効な制度となっているのです。

カナダの研究では、育児休業制度が母乳育児をどの程度助けているのかデータに基づいて検証しました。[*27] カナダのほとんどの州では、２０００年までは産休・育休合わせて半年程度の休業が認められていましたが、２００１年から一斉にこれらを1年間に引き上げました。

育児休業期間の上限が半年ほど延長された結果、実際に取得された育児休業期間の平均は

3カ月ほど伸びました。それにともなって、母乳育児期間の平均は5カ月から6カ月に伸びています。十分な育児休業期間を提供することは、母乳育児を行う助けになることが示されたと言えるでしょう。

育児休業制度はもちろん日本でも導入済みで、子どもが1歳に達するまで取得することができ、最初の6カ月は育休取得前の賃金の67パーセント、それ以降は50パーセントが給付金として支払われます。第3章で改めてご紹介しますが、日本の育児休業制度は長さの面でフランス・ドイツなどいくつかのヨーロッパの国々ほどは手厚くないものの、総合的に見て多くの先進諸国から見劣りするものではなく、カナダよりもやや充実しているほどです。[*28]

夫の会社の協力も大きな助けに

育児と仕事の両立には周囲のサポート、特にお父さんの果たす役割が大きいと考えられています。とはいえ、仕事が忙しすぎたり、時間の融通がつけられなかったりする場合には、お父さんが家事・育児を行いたくとも、なかなか思うようにはできないものです。その場合、しわ寄せは結局、お母さんにいってしまいます。

ある日本の研究では、お父さんの会社にフレックスタイム制があるかどうかが母乳育児に及ぼす影響を調べました。[*29] フレックスタイム制とは、働く人自身が始業と終業の時間を決めることのできる弾力的労働時間制度です。この制度をうまく使えば仕事をしつつ、家事・育児の時間を確保できるかもしれません。

この研究では、きょうだい間の母乳育児の有無に注目しています。たとえば、一人めの子どもを育てていた頃と、二人めの子どもを育てていた頃で、夫の会社のフレックスタイム制に違いがあったかどうかと、妻の母乳育児の取り組みに変化があったかどうかを比べています。

その結果、**夫の会社にフレックスタイム制がある場合には、母乳育児の実施率が上がり、母乳育児の期間も長くなる**傾向があることがわかりました。母乳育児とお母さんの就業を促進するためには、お母さんをターゲットとした育児・就業支援策だけでなく、お父さんもその支援の対象とすることで、結果的にお母さんの育児と就業を支えることにつながることを示す興味深い結果です。

お母さん自身の選択を尊重しよう

母乳育児は赤ちゃんの健康にとって一定のメリットがあるものの、その負担はお母さんが一人で担っています。また、仕事などが理由で、母乳を与えることが大変な負担になる人もいるでしょうし、体質的な問題で母乳の出が悪い人もいるでしょう。

「母乳信仰」が行き過ぎてしまうと、何らかの理由で母乳育児ができないお母さんは追い詰められてしまいます。家族も含めた周囲の人々に、陰に陽に「母親失格」の烙印を押されてしまうのではないかという不安を感じたお母さんも、少なからずいるでしょう。

こうした不安は日本だけの問題ではありません。私たちからすると個人主義的に見えるアメリカ人の間でも同様の悩みがあります。多くのアメリカ人女性が、母乳育児は「自然」なことで、「良き母」としての象徴的な行為だと信じています。[*30] 日本のお母さん同様、アメリカのお母さんも強いプレッシャーを感じており、母乳育児を行わない/行えないことに対して罪悪感を持ってしまっているようです。

母乳育児には一定のメリットがあるものの、**母乳育児を行うかどうかについてはお母さん個人の選択が尊重されるべき**だと筆者は考えています。過剰なプレッシャーや罪悪感を持つ必要はないし、そうしたものを煽るような一部の人々の言動は行き過ぎでしょう。

母乳育児であろうともなかろうとも、子育てには苦労とともに、何ものにも代えがたい楽しさがあります。男性である私は、自分の母乳を与えた経験はもちろんないのですが、それでも哺乳瓶で母乳や粉ミルクを我が子に与える喜びがありました。息子はもうすっかり大きくなってしまって、粉ミルクをあげられなくなってしまったのが寂しいほどです。

理想の子育てのあり方は人それぞれです。自分の家族の幸せのために、科学的根拠のある正しい知識を活用して、今の子育てを楽しんでください。どうせ子どもはすぐに大きくなってしまいますから……。

Polit. Econ. 124, 650-695 (2016).
*27 Baker, M. & Milligan, K. Maternal employment, breastfeeding, and health: Evidence from maternity leave mandates. J. Health Econ. 27, 871-887 (2008).
*28 OECD. OECD Family Database. 1-5 (2014). Available at: http://www.oecd.org/social/family/database. (Accessed: 16th May 2018)
*29 Kobayashi, M. & Usui, E. Breastfeeding practices and parental employment in Japan. Rev. Econ. Househ. 15, 579-596 (2014).
*30 Schmied, V. & Lupton, D. Blurring the boundaries: Breastfeeding and maternal subjectivity. Sociol. Heal. Illn. 23, 234-250 (2001).

＊15 Martin, R. M. et al. Effects of Promoting Longer-term and Exclusive Breastfeeding on Adiposity and Insulin-like Growth Factor-I at Age 11.5 Years. JAMA 309, 1005 (2013).
＊16 Martin, R. M. et al. Effects of promoting long-term, exclusive breastfeeding on adolescent adiposity, blood pressure, and growth trajectories: A secondary analysis of a randomized clinical trial. JAMA Pediatr. 171, e170698 (2017).
＊17 Kramer, M. S. et al. Effect of prolonged and exclusive breast feeding on risk of allergy and asthma: Cluster randomised trial. Br. Med. J. 335, 815-818 (2007).
＊18 Flohr, C. et al. Effect of an Intervention to Promote Breastfeeding on Asthma, Lung Function, and Atopic Eczema at Age 16 Years. JAMA Pediatr. 172, e174064 (2018).
＊19 Heckman, J., Stixrud, J. & Urzua, S. The Effects of Cognitive and Noncognitive Abilities on Labor Market Outcomes and Social Behavior. J. Labor Econ. 24, 411-482 (2006).
＊20 Heckman, J., Pinto, R. & Savelyev, P. Understanding the Mechanisms Through Which an Influential Early Childhood Program Boosted Adult Outcomes. Am. Econ. Rev. 103, 2052-2086 (2013).
＊21 Baker, M., Gruber, J. & Milligan, K. Non-Cognitive Deficits and Young Adult Outcomes: The Long-Run Impacts of a Universal Child Care Program. NBER Working Paper (2015).
＊22 Kramer, M. S. et al. Breastfeeding and Child Cognitive Development. Arch. Gen. Psychiatry 65, 578 (2008).
＊23 Yang, S. et al. Breastfeeding during infancy and neurocognitive function in adolescence: 16-year follow-up of the PROBIT cluster-randomized trial. PLOS Med. 15, e1002554 (2018).
＊24 Kramer, M. S. et al. Effects of Prolonged and Exclusive Breastfeeding on Child Behavior and Maternal Adjustment: Evidence From a Large, Randomized Trial. Pediatrics 121, e435-e440 (2008).
＊25 Kramer, M. S. et al. The Effect of Prolonged and Exclusive Breast-Feeding on Dental Caries in Early School-Age Children. Caries Res. 41, 484-488 (2007).
＊26 Albanesi, S. & Olivetti, C. Gender Roles and Medical Progress. J.

第2章　注

＊1　Del Bono, E., Ermisch, J. & Francesconi, M. Intrafamily Resource Allocations: A Dynamic Structural Model of Birth Weight. J. Labor Econ. 30, 657–706 (2012).

＊2　川口大司，野口晴子．低体重出生：原因と帰結．応用ミクロ計量経済学II（北村行伸編）（日本評論社，2014）．

＊3　OECD Indicators, Health at a Glance 2017. (2017).

＊4　川口大司，野口晴子．新生児の体重はなぜ減少しているのか．新たなリスクと社会保障：生涯を通じた支援策の構築（井堀利宏，金子能宏，野口晴子）（東京大学出版会，2012）．

＊5　Maruyama S, Nakamura S. Why are women slimmer than men in developed countries? Econ Hum Biol. 2018;30:1-13. doi:10.1016/j.ehb.2018.04.002

＊6　Barker, D. J. The fetal and infant origins of adult disease. BMJ 301, 1111 (1990).

＊7　Currie, J. & Hyson, R. Is the Impact of Health Shocks Cushioned by Socioeconomic Status? The Case of Low Birthweight. Am. Econ. Rev. 89, 245–250 (1999).

＊8　Black, S. E., Devereux, P. J. & Salvanes, K. G. From the Cradle to the Labor Market? The Effect of Birth Weight on Adult Outcomes. Q. J. Econ. 122, 409–439 (2007).

＊9　Betrán, A. P. et al. Interventions to reduce unnecessary caesarean sections in healthy women and babies. Lancet 392, 1358–1368 (2018).

＊10　Gruber, J. & Owings, M. Physician Financial Incentives and Cesarean Section Delivery. RAND J. Econ. 27, 99 (1996).

＊11　Allin, S. et al. Physician Incentives and the Rise in C-sections: Evidence from Canada. (2015). doi:10.3386/w21022

＊12　Boerma, T. et al. Global epidemiology of use of and disparities in caesarean sections. Lancet 392, 1341–1348 (2018).

＊13　Kramer, M. S. et al. Promotion of Breastfeeding Intervention Trial (PROBIT). JAMA 285, 413 (2001).

＊14　Kramer, M. S. et al. Effects of prolonged and exclusive breastfeeding on child height, weight, adiposity, and blood pressure at age 6.5y: evidence from a large randomized trial. Am J Clin Nutr 86, 1717–21 (2007).

第3章

育休の経済学

今となっては結構昔の話になってしまいますが、２０１３年に、安倍首相が育児休業期間を1年から3年に延長することを提案しました。待機児童がなかなか減らない中で、ワークライフバランスを保ち、女性の社会進出と出生率上昇を両立させたいという動機から出てきたのでしょう。この動機自体はよく理解できるところです。

しかし、この提案は労働コスト増を恐れた経営者側のみならず、労働者側にも不評でした。安倍首相は「3年間抱っこし放題」というキャッチフレーズで、この提案を国民に広く売り込もうとしましたが、どうにもウケが悪く、結局この話は立ち消えになってしまいました。

子どもの平均体重は満3歳で13～14キロにもなりますから、いくら可愛くても抱っこするのは大変です。重い荷物を持っているのに「抱っこ～」と息子にせがまれるたびに、なぜこのキャッチフレーズが受けなかったのか、私自身、骨身にしみて感じました。

育休3年制の提案は国民に広く受け入れられなかったものの、育休制度そのものは多くの人々に支持されているようです。

この章では、育休制度は親が仕事を続ける上でどのように助けになるのか、子どもの健康・発達に対する影響はどのようなものなのか、そして、どれぐらいの育休期間が「ちょうどいい」のか、これまでの経済学の研究成果をお伝えしようと思います。

まずは育休制度の概要について説明し、国によって育休制度の充実度がどのくらい異なるのか統計を見ていきます。

続いて、そうした**育休制度がお母さんの働きやすさにどのような影響を及ぼしているのか**、経済学的な視点から議論を整理します。一度辞めてしまうと次の仕事を見つけることが難しい、流動性の乏しい労働市場を持つ日本のような社会では、育休制度の持つ雇用保障は大きな意味を持ちえます。一方で、あまりに長い期間育休を取れてしまうと、職業人としての知識や技能が育休中に失われてしまい、結果的に仕事を続けることが難しくなってしまいます。また、充実した育休制度は企業にとって大きな負担になるという指摘がありますが、その点についても考えてみます。

続く節では、**育児休業制度によってお母さんの働きやすさや子どもの発達がどのような影響を受けるのか**、ヨーロッパやカナダで行われた政策評価研究のエッセンスを紹介します。

この章の最後では、日本においてヨーロッパ並みの「育休３年制」が実際に導入された場合、お母さんの働き方に与える影響について、経済学の理論とデータ分析を組み合わせることによって、政策効果の事前予測を行った筆者自身の研究を紹介しつつ、今後のあるべき政策の方向性についての私見を述べます。

1　国によってこんなに違う育休制度

雇用保障と給付金が二本柱

育児休業制度の二本柱は、雇用保障と給付金です。雇用保障があるということは、育休を取得しても、それが理由でクビになったり、給料を下げられたりといった不利益な取り扱いはされないということです。もっとも、実態としてこれが十分守られているとは言えないこともあるかもしれません。

もう一つの柱である給付金は、育休前の勤務状況と所得に応じて、育休中に受け取れるお金のことです。給付金は雇用保険（失業保険）から支払われているため、給付金の支給が会社の経営を圧迫するということはありません。

育休の取得は原則として1年間認められていますが、保育園に入れないなどの事情があれば最大で2年間まで育休を取ることができます。日本での育休導入当初は、いわゆる正社員しか取ることができませんでしたが、現在では、一定の条件を満たせば正社員でなくとも育休を取ることができます（厳密に言い換えると、「当初は常用労働者しか育休取得できなかったが、現在では一定の条件を満たした有期雇用者も育休取得できる」となります）。第2章でも少し触れましたが、育休期間中に支払われる給付金は、最初の半年が休業前賃金の67パーセント、そこから先は50パーセントが支給されます（月額に上限あり）。

給料と同額の給付金が支払われる国も

育児休業制度そのものは、ほとんどの先進国で取り入れられていますが、その手厚さは国によって大きく異なります。次ページの**図表3-1**は育休によって雇用が保証されている期間を、いくつかの国々について示したものです。

一番短いのはアメリカで、なんとわずか12週しかありません。特に長いのは一部のヨーロッパの国々で、ドイツ、フランスなどでは約3年間も雇用が保証されています。日本は原則1年間で、特に短くも長くもなくといったところでしょうか。

その左、117ページの**図表3-2**は、フルタイムで1年間働いた場合と比べて、支給される給付金は何パーセント程度になるのかを示しています。

ここでも一番少ないのはアメリカで、なんと給付金はゼロ！　一方、スペイン、ポーラン

図表3-1　各国の育児休業の期間

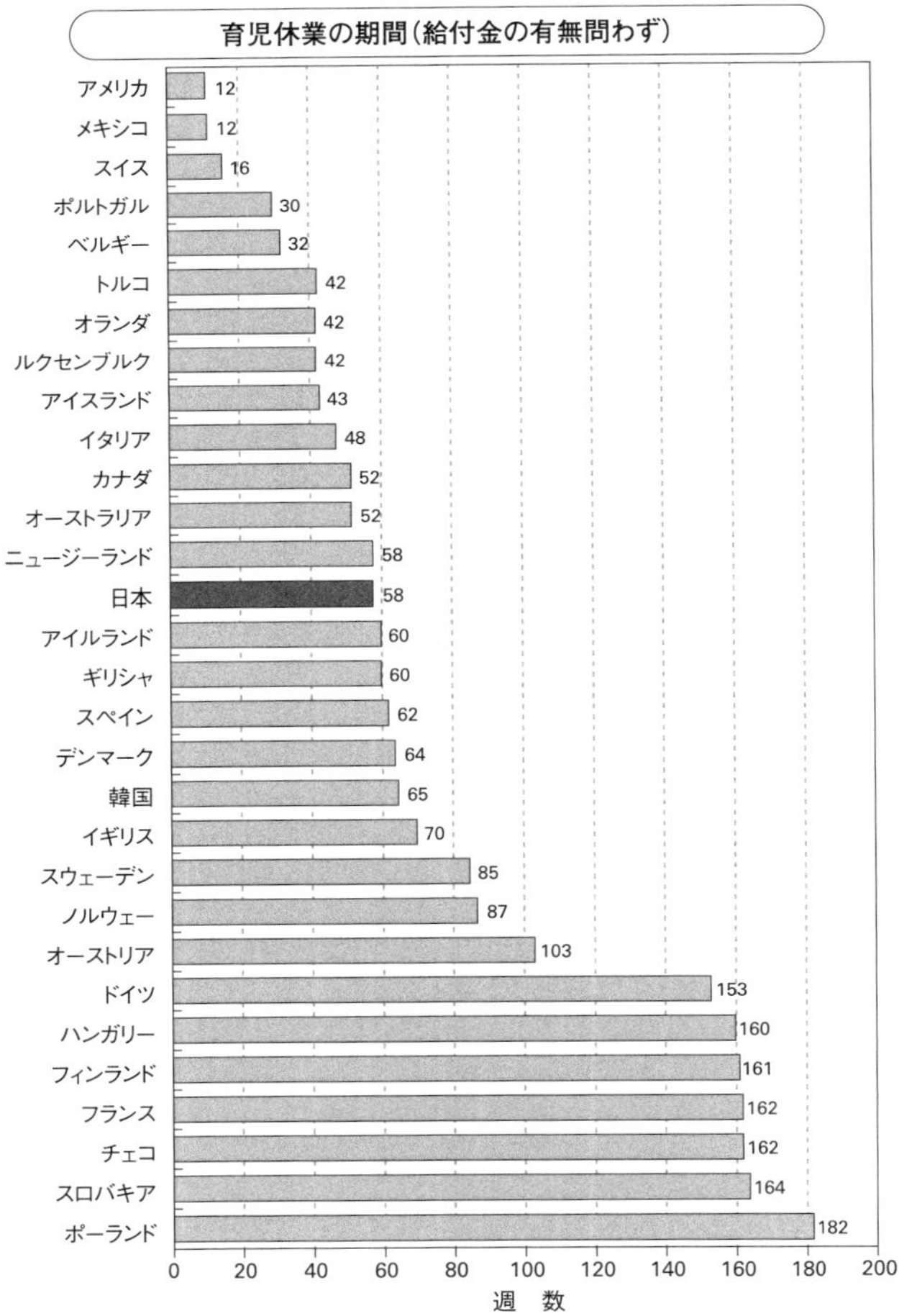

出所）OECD Family Database

図表3-2　各国の育児休業の給付金額

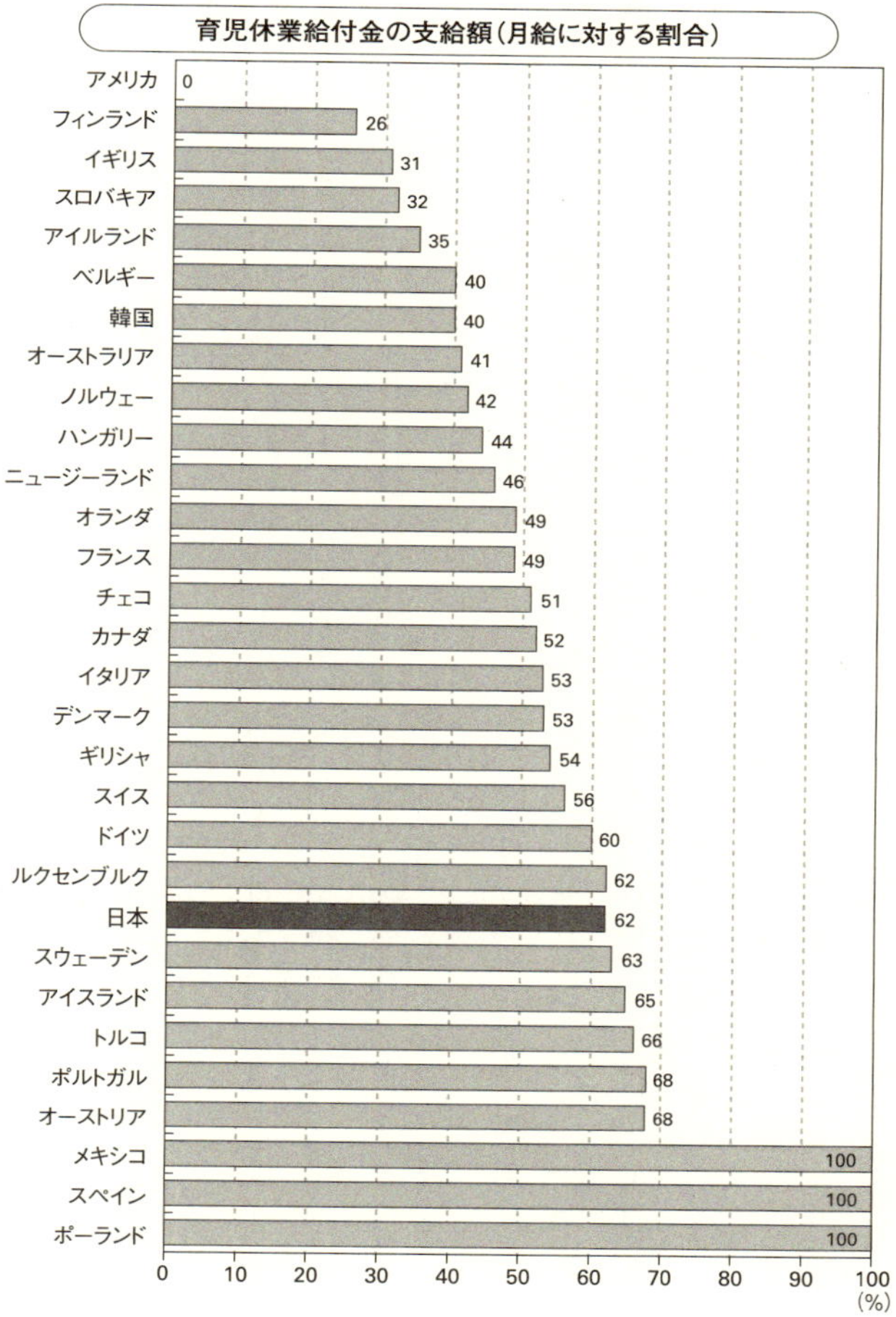

出所）OECD Family Database

ド、メキシコといった国々では100パーセント支払われています。日本はこのグラフの中央値を超えてやや多めです。

育休の二本柱である雇用保障と給付金が、どれくらい充実しているかは国によって大きく異なります。ヨーロッパのいくつかの国々には「育休先進国」とでも呼ぶべき充実した制度がある一方、アメリカには実質的に育休がないも同然です。日本は、両者の中間に位置し、先進国の間では平均的な水準です。諸外国と比べて、制度面が特に劣っているということはありません。むしろ、こうした統計を見ると、アメリカのお母さん、お父さんたちは大変なんだなあと心配になってしまいます。

私はアメリカの隣国カナダに長年住んでいましたが、カナダの育休制度は日本と非常に似通っていました。私の息子が生まれた時は、ちょうどサバティカルといって、大学から授業や管理業務を免除されて、研究に専念していた時期でした。研究活動には時間的な拘束はほぼなく融通がきいたので、私自身は育児休業を取ることはありませんでしたが、そうした事情がなければ、少なくとも1カ月程度は育児休業を取っていたと思います。

子どもが生まれてすぐは、不慣れなこともあり特に大変な時期なので、ほぼフルタイムで妻とともに子育てや家事に取り組めたのは幸いでした。何をやっても手際が悪かったのですが、息子の最初のうんちおむつを替えてあげたのは父としてちょっとした誇りです。おかげで妻にはそれ以降ずっと、うんちおむつ担当にされてしまいましたが……。

2　お母さんの働きやすさはどう変わる？

育休があれば仕事への復帰もスムーズ

それでは、育児休業制度のあり方で、お母さんの働きやすさはどう変わるのでしょうか。制度上、お父さんも育休を取ることができますが、育休制度の影響を強く受けるのはお母さんであることが多いため、まずはお母さんの立場から見た育休制度を経済学的な視点から考えます。

お父さんたちがなぜ育休をあまり取らないのか、そもそも子育てにおいてどんな役割を果たしているのかといった疑問については次の第4章でご説明します。

育休がお母さんの就業を助ける最大の理由は雇用保障ですが、そのありがたみは社会のあり方によって大きく変わってきます。仕事を失っても、比較的早く次の仕事が見つかるような流動性の高い労働市場ならば、雇用保障は大きなありがたみを持ちません。そうした社会では、出産に合わせて退職し、本人が仕事に復帰したいタイミングで仕事探しを始めても、大きな問題なく新しい仕事を始められるためです。

一方、日本はそうではありません。諸外国と比べると、クビになりづらく職は安定しているのですが、ひとたび仕事を離れると次の仕事を見つけるのは大変です。これはいわゆる正社員の仕事によく当てはまります。

こうした流動性の低い労働市場を持つ日本では、雇用保障があることで、お母さんの出産後の仕事の続けやすさが大きく変わってきます。雇用保障によって、この職探しの困難を取り除くことができるためです。

あまりに長い育休は逆効果となる

育児休業による雇用保障で新たに仕事を見つける必要はなくなったとはいえ、あまりに長い間仕事を休んでしまうとかえって復帰が難しくなるかもしれません。週末休み明けの月曜日に、なんだか出勤したくないと感じてしまうのはあなただけではありません。

日本の育休制度は職場復帰を前提としていますが、そのまま退職してしまった場合でも給付金の返還などのペナルティーはありません。そのため、休業期間が長くなるほど、職場復帰がおっくうになってしまうこともありえます。

また、一部の専門職では、仕事から長期に離れてしまうと、職業人としての能力に大きなダメージを受けてしまいかねません。たとえば、高度な研究職、技術職では常に新しい知見・技術が生まれています。そういった職業の方があまりに長期間仕事を休んでしまうと、これまで培った知見・技術が時代遅れになってしまうことが考えられます。

また、人脈作りが重要な営業職などの仕事でも、長期の育休の間に顧客を取られてしまったり、人脈が失われてしまったりすることがあるでしょう。こうした仕事についている人たちは、育休期間が長くなれば長くなるほど職場復帰が難しくなってしまいます。

アメリカのＩＴ企業では、育休の充実で人材確保

企業にとって、育児休業は優れた従業員を自社につなぎとめるためにも有効な手段です。「育休後進国」のアメリカですが、近年ではグーグルやフェイスブックといったＩＴ企業を中心に、独自の育休制度を準備する企業が増えてきています。ＩＴ業界では優秀な人材の引き抜き合戦が激しいため福利厚生に力を入れており、人材確保の一環として有給の育休を社

内制度として認めるようになったのです。

一方で、育休が企業にとって負担とならないよう、多くの国々で制度的に配慮されています。日本では、育休の給付金は雇用保険から支払われますし、休業中の健康保険料や厚生年金保険料の支払いは免除されているため、これらが企業にとって負担となることはありません。

たしかに育休中の社員の穴埋めのために、たとえば派遣社員を手配しなくてはならないケースなどが出てくるかもしれません。また、引き継ぎにともなって一時的に仕事が滞ることもあるでしょう。これらは小さい職場では無視できないコストかもしれませんが、そうしたコストを軽減するために中小企業に対し両立支援等助成金が支給されています。

3　育休と子どもの発達を考える

ドイツの育休改革とその政策評価

さて、ここからはヨーロッパとカナダで行われた育児休業制度改革の政策評価を取り上げて、育休はお母さんが仕事を続ける上で助けになるのか、**育休を取ってお母さんが家にいることは子どもの発達にとってプラスなのか**といった点について考えてみます。

まずは、ドイツで1979年から1993年にかけて行われた育休改革と、その政策評価[*1]を取り上げながら話を進めます。

ドイツでは、1950年代なかばに初めて育児休業制度が導入されました。期間は2カ月間で、給付金は休業前賃金とほぼ同額が支払われていました。その後1979年から1993年にかけて少しずつ育休改革を行い、1993年には育休期間が3年にまで延ばされました。給付金は最初の2カ月間は休業前賃金と同額ですが、そこから後は減額されて、当時の為替（かわせ）レートで月4万円弱（当時は歴史的な円高でしたから、この数字は実態よりも小さく見えるかもしれません）ですが、最大24カ月受け取ることができます。

ここでの政策評価の基本的な考え方は、育休改革直前に出産した人と、育休改革直後に出産した人を比べ、出産後の仕事復帰までの期間や子どもの発達に違いがあるか検証するというものです。この考え方に基づくと、育休改革直後に出産した人のほうが、改革直前に出産した人に比べて、出産1年後に働いている割合が高ければ、育休改革はお母さんが仕事を続ける上で助けになったと結論づけることができます。

このやり方で育休改革の効果を正しく測るには、改革直前に出産した人々と、直後に出産した人々の間に大きな違いがないことが前提です。両者の違いが、法律で認められた育休期間だけである場合、両者を比べることで政策の効果がわかります。

仮に両者が職歴や学歴、年齢などの面でも異なる場合、出産1年後に働いているお母さんの割合が改革前後で増えていたとしても、それが制度改革のおかげなのか、それとも職歴などの違いのせいなのか判断がつきません。

ドイツの政策評価では、改革の直前・直後3カ月といった短い期間に限れば、改革前後でお母さんの年齢などにほとんど違いがないことが確認されています。

母親の就業には短期ならプラス、長期ならマイナス

ドイツの政策評価によると、育児休業期間を延ばすほど仕事への復帰が遅くなり、お母さんが家で子どもを育てる期間が長くなりました。復帰が遅くなると心配なのは、長期的な就業率への悪影響ですが、幸い、出産4～6年後の就業率はほとんど下がっていませんでした。

同様の政策評価はオーストリア[*2]、カナダ[*3]、ノルウェー[*4]などでも行われました。これらの国々の結果も合わせて全体として見ると、**1年以内の短期の育休制度はお母さんの出産数年**

後の就業にとって悪影響はなく、あるとすれば多少プラスの効果がみられたようです。雇用保証があることで、スムーズな仕事復帰の助けになる効果があると考えられています。

一方で、**それ以上に長い、たとえば3年の育休制度はお母さんの就業にとってわずかにマイナスの影響があった**ケースが多いようです。特に、給付金が長期にわたって支払われるようなケースだと、お母さんが家で子どもを育てるほうが得だということになってしまうため、仕事復帰が遅くなってしまいがちです。育休取得期間があまりに長くなってしまうと、仕事のスキルも習慣も失われてしまうため、長期的にはお母さんの就業にとってマイナスになってしまうようです。

お母さんが子どもを育てるべき「根拠」はあるか

ドイツでの政策評価によると、育休制度を拡大するごとに実際に取得される育休期間も延びて、お母さんが家庭で子どもを育てる期間が増えたようです。これはドイツ政府からすれば狙いどおりでした。もともと政策の目的が、子どもとお母さんが一緒に過ごす時間を増やすことだったのです。

しかし、そもそもなぜお母さんが自ら子どもを育てることが、子どもの発達にとって良いことだと考えられているのでしょうか。

その根拠の一つは、前章で考えた「母乳育児」にあります。働いているお母さんが母乳育児を行うことは非常に大変ですが、育休中ならば母乳育児がやりやすくなります。前に触れたとおり、母乳育児には子どもの健康にとって一定のメリットがありますから、育休制度の充実は子どもの発達にとって有益になりえます。

もう一つの根拠は「愛着理論」と呼ばれています。心理学者によると、生まれてから最初の1年にお母さん（ないしは養育者）と親密な関係を築くことが、子どもの認知能力や社会性を育む上で重要な役割を果たしているそうです。一方で、子どもが大きくなると、家族以外の子どもや大人と関わりを持つことが発達に有益であると考えられています。

いずれの根拠も筋が通っているように見えますが、実際のところはどうなのでしょうか。ドイツをはじめとして、いくつかの国々での政策評価では、育休制度の充実が子どもの発達に与える影響を検証しています。

政策評価の方法は、育休改革前に生まれた子どもと、育休改革後に生まれた子どもを比較するというやり方です。ドイツでは、育休改革後に生まれた子どもたちは、改革前に生まれた子どもたちよりも、生後、お母さんと一緒に過ごした時期が長いことがわかっています。

これが子どもたちにどのような影響を与えたかが評価のポイントです。

必ずしもお母さんが育児を担う必要はない

ドイツでは子どもへの長期的な影響に関心があったため、高校・大学への進学状況や、28歳時点でのフルタイム就業の有無と所得を調べました。[*5] その結果、**生後、お母さんと一緒に過ごした期間の長さは、子どもの将来の進学状況・労働所得などにはほぼ影響を与えていないことがわかりました。**

同様の結果は、オーストリア[*6]、カナダ[*7]、スウェーデン[*8]、デンマーク[*9]における政策評価でも報告されています。先に述べた「愛着理論」のように、子どもが幼い間、特に生後1年以内は母子が一緒に過ごすことが子どもの発達に重要であると考えられてきましたが、データは必ずしもこうした議論の正しさを裏づけてくれませんでした。

では、子どもにとって、育つ環境などどうでもいいということなのでしょうか。

もちろん、そんなことはありません。各国の政策評価を詳しく検討してみた結果わかったのは、**子どもにとって育つ環境はとても重要であるけれど、育児をするのは必ずしもお母さんである必要はない**ということです。**きちんと育児のための訓練を受けた保育士さんであれ**

ば、子どもを健やかに育てることができるようです。

実は、上で挙げた国々と異なり、ノルウェーでは育休制度の充実により、お母さんと子どもが一緒に過ごす時間が増えた結果、子どもの高校卒業率や30歳時点での労働所得が上昇したことがわかりました。[*10]

ただ、育休改革が行われた1977年当時のノルウェーでは、公的に設置された保育所が乏しく、保育の質が低かったと考えられています。したがって、お母さんが働く場合、子どもたちは発達にとって必ずしも好ましくない環境で育てられていたということになります。

育休制度が充実することで、お母さんと子どもが一緒に過ごせるようになれば、子どもたちは質の悪い保育所に預けられることはなくなり、その結果、子どもは健やかに育ったというわけです。

保育士の力は子どもにとって有益

大切なことなので繰り返しますが、「子どもが育つ環境は重要だけど、お母さんだけが子育ての担い手になる必要はない」というのがこれらの政策評価から得られる重要な教訓です。お父さんとお母さんで育児を分担するのはもちろん、**特別な訓練を受けた保育のプロである**

保育士さんの力を借りるのも、子どもの発達にとって有益です。

良い保育園を見つけることができれば、お母さんが働くことは子どもの発達に悪影響はないので、安心して仕事に出てください。「良い保育園」とは何かというのは簡単に答えられる問いではないのですが、よく使われる指標は、保育士一人あたりの子どもの数や、保育士になるために必要なトレーニングの期間などです。こうした観点から見ると、日本の認可保育所は、先進国の平均を上回っており、一般論としては、安心して子どもを任せられる場所ではないでしょうか。

もちろん、保育所における事故は皆無ではないし、保育所間の質のばらつきという問題もありますから、質の良い保育園がこれまで以上に増えるように、政治家や関係者の方々には頑張っていただきたいところです。

4 「育休3年制」は無意味。1年がベスト

諸外国の経験はそのまま日本に当てはめられない

さて、この章の冒頭で触れたとおり、日本でも「育休先進国」並みに、3年間の育児休業を認めることが女性の就業を増やすのではないかという議論があります。経済学やデータ分析の立場から、この育休3年制の是非について何が言えるのでしょうか。

過去に実際に行われた政策について、その効果や副作用について検証する政策評価のやり方はある程度確立しているのですが、まだ行われていない政策についてはデータが存在しないため、その是非を評価するのはとても難しいことなのです。

一つのやり方として、ドイツなどの「育休先進国」の経験に学ぶというものがあります。ドイツで育休が3年に延長された結果、お母さんの働き方がどう変化したかについてはある程度、解明されました。

しかし、このドイツの経験を日本に当てはめて、育休3年制の良し悪しについて何かがわ

かるのかというと、それほど明らかになることはありません。

日本とドイツでは、労働市場のあり方が大きく異なる上、人々の考え方や価値観、行動様式にも違いがあります。これらの違いを踏まえて、日本に育休3年制を導入した場合に何が起こるのかを予測するのはそれほど簡単ではないのです。同じ政策でも、社会制度や文化の違いによって、その効果は少なからず変わってくることはよくありますから、海外の経験をそのまま日本に当てはめるのはやはり危険でしょう。

「やってみなけりゃわからない」といって、無分別に改革をスタートさせてしまうというのも危険です。政策実施は、当初には十分予想されなかった副作用や社会変化をもたらすことも少なくありません。できる限り詳細に、改革の結果として何が起こりそうか事前に検討しておく必要があります。

正社員を辞めてはいけない

こうした立場から、経済学の理論とデータ分析の手法を組み合わせることで、「育休3年制」について最善の予想を立てようというのが、筆者の研究です。[*11] すでにあるデータを活用し、女性の出産や就業行動について分析することで、その行動原理を数理モデル化しました。

その上で、「育休3年制」が導入された場合に、女性の出産や就業行動がどのように変化するかをコンピュータ上でシミュレートし、何が起こるのかを予測しました。

データ分析から、女性の就業行動原理を理解する上でいくつかの重要な発見がありました。

第一に、正社員の仕事を見つけるのはかなり難しいということです。たとえば、ある年に主婦であった人が、翌年、非正社員の仕事に就く確率は10パーセントほどですが、これが正社員になるとわずか1パーセントにとどまります。本人のスキルや雇用形態についての志望といった要素を考慮しても、正社員として就業するのはかなり難しいという結論は変わりませんでした。

いちど正社員の仕事に就いたら、在職中に次の仕事を見つけるのでもない限り、正社員の仕事を辞めないことが、女性のキャリアにとって重要になります。これは、育休による雇用保証が重要であることを示唆しています。

0歳児と1歳児の負担感の違い

第二に、幼い子どもを育てながら働くのはもちろん大変ですが、子どもが1歳になると、そうした負担は大きく減るということです。この理由の一つには、0歳児保育を見つけるのに比べると、1歳児保育は比較的見つけやすいことが挙げられます。

また、子どもが1歳になるまでは、子どもの発達や母子の感情的な結びつきを重視して、自らの手で育てたいと感じているお母さんが多いことも関係しています。そうしたお母さんにとっては、子どもがまだ1歳にならないうちに、子どもを預けて仕事に出るのは精神的な負担になります。

子どもを育てながら働く大変さは、子どもがいくつになってもなくなるものではありません。それでも、子どもが大きくなるにつれて、その負担感が少しずつ減っていくことを実感される方が多いようです。そして、その負担感は、0歳児と1歳児で大きく異なるというのがここでのポイントです。子育ての負担感がとりわけ大きな時期を、制度的にサポートしようという現行の育児休業制度が、働くお母さんの大きな助けになっていることが示唆されています。

育休を取ってもキャリアの致命傷にはならない

第三に、大多数の人にとって、育児休業によって大きくスキルを失ってしまう心配は当てはまらないということです。たしかに、育休を取ることでキャリアを諦めなければならないくらいの失点になってしまう人もいないわけではありません。そうした人々にとって重大な問題であることは間違いのないことです。しかし、数カ月から1年程度の育休がキャリアにとって「致命傷」になってしまうのは、ごく限られた高度な専門職、管理職などにとどまります。

もちろん、育休から復帰して仕事のやり方を思い出し、調子を取り戻すのには苦労をともないます。それでも、育休取得のために職業上の能力の多くを失ってしまうのは一部の人にだけ当てはまるようです。

賢明な読者のみなさんには、何を当たり前のことをいまさらとお叱りを受けそうですが、**こうした論点をデータできちんと確認することは、間違いのない判断のためには必要**ですし、これらの論点の重要性を定量的に踏まえることは、シミュレーションを行う上で不可欠なのです。**「常識」を数値化するのは、回りくどいと感じるかもしれませんが、最善の予想を立てる上では避けて通れません。**

経済学が予測する育休3年制の効果

さて、こうしたデータ分析の結果を踏まえ、経済学の理論を織り込んだ予測によると、育児休業制度はお母さんの働き方をどのように変化させるのでしょうか。

① 1年間の育休は母親就業にプラスの効果

シミュレーションの結果によると、1年間の育休が取得可能な今の制度は、お母さんの就業を大きく引き上げることがわかりました。育休が全く制度化されていない場合と比べて、現在の育休制度は、出産5年後に仕事をしている母親の割合をおよそ50パーセントから60パーセントに引き上げているようです。[*11]

② 育休3年制に追加的な効果はなし

ところが、今の制度を変更して、育休期間を3年間に延長することにはさほど大きな効果がないと予測されました。育休3年制を導入しても、出産5年後に仕事をしている母親の割合は現在に比べて1パーセントしか増えないようです。[*11]

③ 育休は3年もいらない

育休3年制への移行が大きな効果を持たないと予測されているのは、多くの人は育休を3

年間も必要としていないと考えられるためです。待機児童問題が深刻であるとはいえ、子どもが1歳になれば、無認可も含めて保育園の利用もより現実的に可能になります。

また、育休3年制のもとでも、給付金がもらえる期間が1年であるならば、2年目以降は家計所得が大きく落ち込みます。多少の苦労があっても、収入のために仕事復帰したいと考えるお母さんが多数派であると予測されています。[*11]

こうした理由で、育休3年制が導入されたとしても、実際に3年間育休を取る人はあまり多くないのではないかと考えられます。したがって、今よりも手厚い育休3年制に移行したとしても、お母さんの就業に大きな影響を与えないでしょう。

「給付金の充実」よりも「保育園の充実」を

最後に、日本の育児休業制度は今後どのような方向に向かうのが望ましいのかを考えてみます。

この章の冒頭でお見せしたように、日本の育休制度は諸外国と比べても大きく見劣りするようなものではありません。お母さんの仕事復帰を考えると、今の1年間がちょうどいい長さのようです。保育園が見つからないという個別の事情があれば、必要に応じた延長も認められているので、**今の制度以上に育休期間を延ばす必要はない**でしょう。

育休中に支払われる給付金についても、現行制度以上に引き上げたり、給付期間を延長したりすることには慎重になるべきだと、筆者は考えています。

その理由の一つは、**お母さんの就業と子どもの発達を考えるならば、育休よりも保育園の充実にお金を使うべき**だからです。保育園の充実がお母さんの就業と子どもの発達に及ぼす影響については章を改めてお話ししますが、育休の充実よりも効果的です。

もちろん、育休の給付金のお金を保育園に回すというのは、制度上単純な話ではないのですが、社会全体でのお金の使い方としてはより有効だと考えています。

もう一つの理由は、育休の給付金の充実は、金持ち優遇につながりかねないという心配があるためです。**給付金額は、育休前に得ていた所得に比例するため、所得の高い人ほど給付金額も大きくなります。こうした制度を大きくしてしまうと、貧富の格差を拡大してしまう**ことにつながりかねません。

貧富の格差拡大を受け入れるかどうか自体は、人々の価値観の問題ではありますが、少なくとも制度変更が社会に何をもたらすかについては、よく理解した上で議論されるべきでしょう。

第3章　注

＊1　Schönberg U, Ludsteck J. Expansions in Maternity Leave Coverage and Mothers' Labor Market Outcomes after Childbirth. J Labor Econ. 2014;32(3):469-505. doi:10.1086/675078

＊2　Lalive R, Zweimüller J, Riphahn R, et al. How Does Parental Leave Affect Fertility and. Q J Econ. 2009;(8210):1363-1402.

＊3　Baker M, Milligan K. How Does Job-Protected Maternity Leave Affect Mothers' Employment? J Labor Econ. 2008;26(4):655-691. doi:10.1086/591955

＊4　Dahl GB, Løken K V., Mogstad M, Salvanes KV. What Is the Case for Paid Maternity Leave? Rev Econ Stat. 2016;98(4):655-670. doi:10.1162/REST_a_00602

＊5　Dustmann C, Schonberg U. Expansions in Maternity Leave Coverage and Children's Long-Term Outcomes Christian. Am Econ J Appl Econ. 2011;4(3):190-224.

＊6　Danzer N, Lavy V. Paid Parental Leave and Children's Schooling Outcomes. Econ J. 2018;128(608):81-117. doi:10.1111/ecoj.12493

＊7　Baker M, Milligan K. Evidence from Maternity Leave Expansions of the Impact of Maternal Care on Early Child Development. J Hum Resour. 2010;45(1):1-32. doi:10.3368/jhr.45.1.1

＊8　Liu Q, Skans ON. The Duration of Paid Parental Leave and Children's Scholastic Performance. B E J Econom Anal Policy. 2010;10(1):1-33. doi:10.2202/1935-1682.2329

＊9　Rasmussen AW. Increasing the length of parents' birth-related leave: The effect on children's long-term educational outcomes. Labour Econ. 2010;17(1):91-100. doi:10.1016/j.labeco.2009.07.007

＊10　Carneiro P, Løken K V., Salvanes KG. A Flying Start? Maternity Leave Benefits and Long-Run Outcomes of Children. J Polit Econ. 2015;123(2):365-412. doi:10.1086/679627

＊11　Yamaguchi S. Dynamic Effects of Parental Leave Policy on Female Labor Market Outcomes. Quant Econom. 2019. doi:10.2139/ssrn.2498212

第4章

イクメンの経済学

子育てというと、どうしても主役はお母さんになりがちです。

子育てをする保護者に向けた本、記事、広告の多くはお母さん向けに作られていますし、みなさんご存知のNHK（Eテレ）のあの番組のタイトルは「おかあさんといっしょ」です。2013年からは「おとうさんといっしょ」が放送されるようになったのは嬉しいことですが、日本において、お父さんは今でも子育てに関しては蚊帳の外に置かれがちです。

この章では、お父さんの子育てにスポットライトを当てて経済学的な分析を紹介します。大きなテーマは、お父さんの育児休業です。**なぜ、お父さんは育児休業を取らないのか。どうすれば取るようになるのか。そして、お父さんが育児休業を取ると家族はどう変わるのか**といった疑問の答えを探していきます。

はじめにお父さんの育児休業取得率についての統計を紹介します。残念ながら、日本ではそれが極めて低い水準で、わずか5パーセントにとどまっているのですが、これはお母さんの育児休業取得率と比べて低いだけでなく、諸外国のお父さんと比べても低い数字なのです。

お父さんが育休を取る上で妨げになるものとしてよく挙げられるのは、キャリアへの悪影響や、上司・同僚の目です。

これらへの不安は、実は日本のお父さん特有ではなく、現在では高い育休取得率を持つ北欧諸国のお父さんたちも、かつて抱えていたものでした。では、北欧のお父さんたちは、どのようにこの不安を克服したのでしょうか。第2節では、この点について分析を行った経済学の研究を紹介します。ノルウェーでは、一部の勇気あるお父さんたちが、率先して育休を取りましたが、はっきりとわかるようなキャリアへの悪影響などはなかったようです。それどころか一人、また一人と育休を取るお父さんはどんどん増えていったのです。この経験から、私たち日本人は何を学ぶことができるのかも含め、後ほど詳しく見ていきましょう。

続く第3節では、お父さんが育休を取ることで、お父さん自身と家族にはどんな変化が及ぶのかを解説します。最初に気になるのは、やはり育休を取ったお父さんのキャリアへの影響です。

そして、夫婦関係への影響についても考えてみましょう。北欧諸国でお父さんの育休取得を推進した目的の一つには「イクメン」を増やすことがありました。その背景には、家庭内と社会における男女の役割分担の固定化を避けようという考えがあったのです。お父さんの育休取得を通じて、実際に「イクメン」化が起こり、家庭内の男女の役割の平等化は進んだのでしょうか。そして、「イクメン」化は夫婦円満につながったのでしょうか。

それでは、順番に詳しく見ていきましょう。

1　日本は、制度だけ「育休先進国」

「過去最高」なのに、かなり低い取得率

そもそも、日本のお父さんたちはどのくらい育児休業を取っているのでしょうか。厚生労働省の雇用均等基本調査では、男女別に育児休業取得率を調べています。この調査では育休取得率を、「過去1年間で在職中に出産した人（男性の場合は配偶者が出産した人）のうち、育児休業を取った人の割合」と定義しています。実は、「在職中に」というのが気をつけるべきところで、出産や子育てのためにすでに仕事を辞めてしまった人は、この計算に含まれません。

ほんらい知りたいのは、「出産や子育てがあっても、育休を取得することで仕事を辞めなかった女性がどのくらいいるのか」ということのはずですが、この調査で報告されている女性の育休取得率からは、その点について知ることができず、それほど意味のある数字とは言えません。この統計のマジックとも呼ぶべき点には注意してください。

図表4-1　男性の育児休業取得率は増加傾向ながら低水準にとどまる

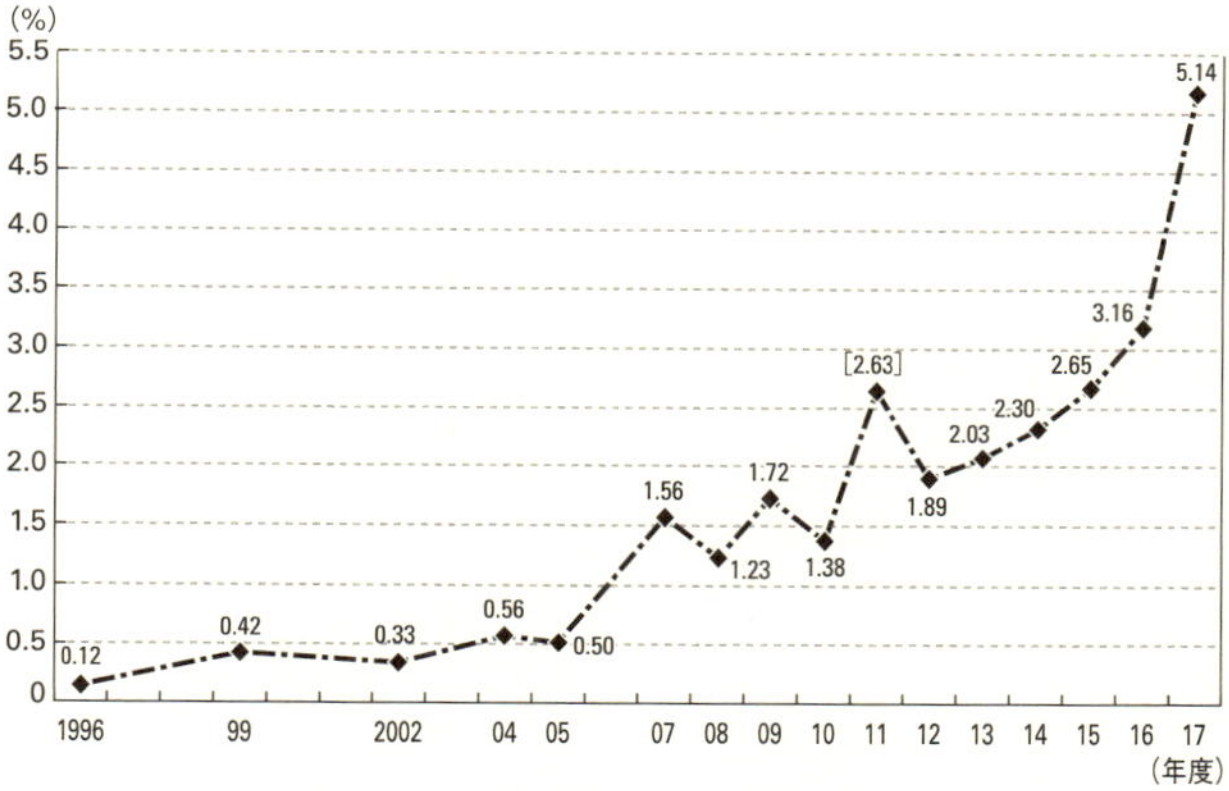

注：2011年度の[　]内の割合は、岩手県、宮城県及び福島県を除く全国の結果。
出所）厚生労働省　雇用均等基本調査

一方、配偶者の出産を理由に退職する男性はかなり稀だと思われるので、この点について心配する必要はないでしょう。上の**図表4-1**は男性の育児休業取得率の推移を示しています。1990年代後半、お父さんたちの育休取得率はとても低く、1パーセントにも満たないものでした。そこから少しずつ増え始め、2017年には5パーセントと過去最も高い育休取得率となりました。

「過去最高」と景気の良い言葉を使いましたが、それでも取得率そのものは、かなり低いと言わざるを得ません。この点をはっきりさせるために、出産を機に仕事を辞めてしまったお母さんたちも数字に含める形で、女性の育休取得率を計算してみましょう。

データには、雇用均等基本調査ではなく、家計経済研究所で行われた「消費生活に関するパネル調査」を用います。このデータをもとに計算すると、出産退職者を含む形で、女性の育休取得率を計算することができます。[*1]

データの都合上、年ごとに育休取得率を計算することはできないのですが、1993〜2011年における女性の育休取得率は58パーセントであったことがわかりました。時代が進むにつれて、女性の育休取得率が上がっているであろうことを踏まえると、近年ではこの数字はもっと高くなっているでしょう。いずれにしても、男性の5パーセントとは大きな差になります。

北欧では7割のパパが育休を取得

お母さんたちと比べて、お父さんたちの育休取得率が低いこと自体は、その是非はともかく、多くの人にとって驚くようなものではないでしょう。では、他の国々のお父さんたちと比べたら、日本のお父さんたちの育休取得率は低いのでしょうか、それとも高いのでしょうか。

左の**図表4－2**は諸外国における男性の育児休業取得率を比べたものです。ここではOE

図表4-2　男性の育児休業取得率の国際比較

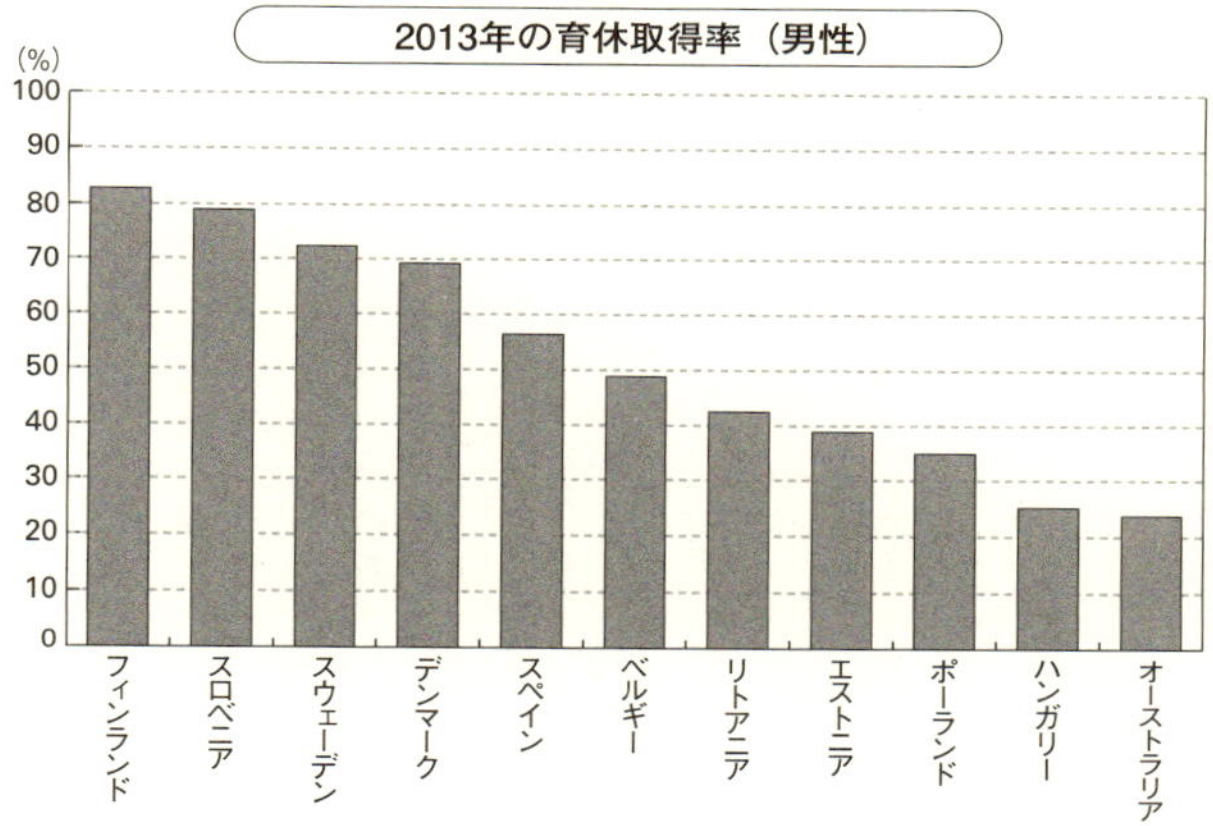

出所）OECD Family Database

CD加盟国のうち、国際比較可能なデータを提供できる国のみが記載されているため、アメリカやフランスなどの大きな国々が含まれていないことには注意が必要です。

北欧の国々といえば、子どもと家族に優しい高福祉国家のイメージがありますが、こうした国々では、やはり男性の育休取得率はかなり高く、70〜80パーセントに上ります。このグラフで最も取得率が低いのはオーストラリアですが、それでも20パーセントを超えており、日本のお父さんたちと比べてもはるかに高い育休取得率です。

日本は「育休先進国」？

なぜ日本のお父さんたちの間では育児休業

取得率が低いのでしょうか。その理由には、社会全体の価値観、法律や制度の違いが考えられます。法律や制度は、より直接的に人々の行動を縛ることを踏まえると、北欧などの国々と日本の間で、どのような法律・制度上の違いがあるのか確認しておくことは、なぜ日本のお父さんの育休取得率が低いのかを知る上で、第一歩になります。

北欧の国々では子育てを支援するための法制度が整っている一方、日本ではそうした家族政策による支援が不十分だという指摘がしばしばなされますが、育休制度についてはどうでしょうか。

育休制度の充実ぶりを測るものさしには、制度上認められた育休を取れる期間の長さと、その期間中に受け取れる給付金の額がよく使われます。育休は、お父さんでもお母さんでも利用可能なものが中心ですが、お父さんの育休取得を促すために、日本を含めたいくつかの国々では、お父さんだけが使うことのできる育休期間を設定しています。

お父さんにとっての育休制度の充実ぶりを、異なる国々で比べるために、お父さんだけに割り当てられた育休期間と、その際に支払われる給付金の額に注目してみましょう。左の**図表4-3**の左側では男性だけに割り当てられた育休期間を、右側では支払われる給付金の給料に対する割合を、国ごとに比べています。

図表４-３　男性だけに割り当てられた育休期間と給付金額

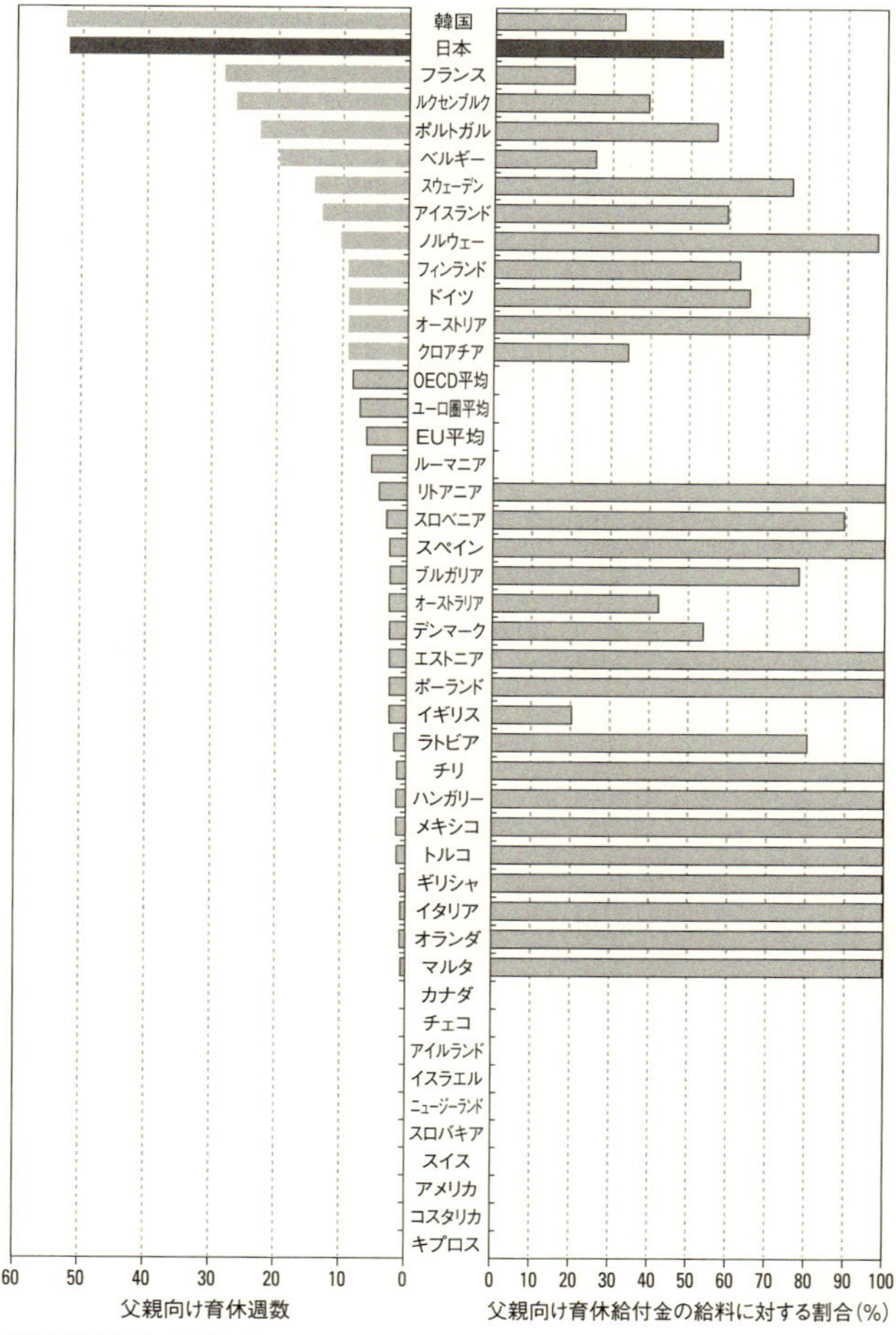

出所）OECD Family Database

なんと日本は**育休期間で見ると世界第2位の充実ぶり！**　しかも、第1位の韓国とはわずかな差で、家族制度の充実ぶりで知られるフランスや北欧の国々とは大差をつけて上回っています。給料に対する給付金の割合は、育休期間が短い国ほど高い傾向がみられますが、日本も60パーセント近くと健闘、北欧の国々と並ぶ水準です。

また、2019年6月に発表されたユニセフの子育て支援策に関する報告書では、**OECDとEUに加盟している41カ国中、日本の育児休業制度（育休の週数×給付金額で算出）は、男性で1位の評価を得ています**（なお、同報告書は、「実際に取得する父親は非常に少ない」と、日本の特異な現況も指摘しています）。

意外と知られていない事実ですが、制度という点だけから見ると、日本はお父さんにとっての「育休先進国」なのです。しかし、そうした制度の充実ぶりとはうらはらに、日本のお父さんたちは育休を取っていません。法制度が整っているのに、お父さんの育休取得が進まないのはなぜでしょうか。

取らないのか、取れないのか

お父さんが育児休業を取らない、あるいは取ることができない理由としてよく挙げられるものには「昇進などキャリアに悪い影響がありそうだから」「同僚や上司の目が気になるから」「仕事が忙しいから」などがあります。こうした理由はもっともで、将来の収入が減ってしまうのはお母さんにとっても子どもたちにとってもマイナスですから、日本のお父さんたちは育児に非協力的だと切り捨ててしまうのはちょっとかわいそうかもしれません。

育休取得率が高い北欧のお父さんたちは、こうした不安とは無縁だったのでしょうか。実はそんなことはなく、日本のお父さんたちと同じ不安を抱えていたのです。こうした不安をどのように乗り越え、現在のような高い育休取得率が可能になったのかについては、次節で詳しく見ていきます。

2　育休パパの勇気は「伝染」する

外国のお父さんだって上司と同僚の目が気になる

育児休業取得率が高い国々のお父さんたちだって、日本のお父さんたち同様に、育休を取るとキャリアに悪影響があるのではないかという不安を抱えていました。彼らがこうした不安を克服していった経験は、日本でお父さんたちが育休を取りやすくする上で、とても参考になるはずです。

ここからは、ノルウェーのお父さんたちについての研究を解説し、どのような経緯で、現在のようにお父さんたちの育休取得が当たり前になったのか見ていきましょう。

実は、かつてのノルウェーにおいても、お父さんの育休取得は珍しいものでした。ノルウェーでは１９７７年から有給の育児休業を取得することが法律で認められていましたが、実際に育休を取るのはお母さんばかりでした。しかし、１９９３年に男女の平等を進めようという観点から、法律で認められた育休42週のうち、４週はお父さんだけに割り当てられるようになりました。

普段の給料と同額の給付金が支払われたため、もしお父さんが取得しなければ、みすみす有給の育児休業を逃してしまうことになります。しかし、こんなうまい話であっても、当初、ノルウェーのお父さんたちは育休取得に及び腰でした。

たしかに、この改革は、育休を取るお父さんを増やしました。改革前のお父さんの育休取得率はわずか3パーセントほどでしたが、改革直後には35パーセントに上昇しました。もちろん、日本のお父さんたちと比べると、この数字ははるかに大きいのですが、現代のノルウエーのお父さんと比べると半分程度の数字なのです。

この数字はノルウェー政府からすれば不十分なものでした。１９９５年の政府白書では、お父さんの間で育休取得が進まない理由を検討し、「父親たちは、会社や同僚から仕事に専念していないと見られることを心配しており、職場のこれまでのやり方と違ったことをすることに対する不安を抱いている」のではないかという考えに至りました。

ノルウェーのお父さんたちが、同僚や上司の目を気にしていたと聞いて驚かれた読者の方もいるかも知れません。私たちは、外国の人々は思ったことをはっきり言う、人の目を気にしないと思い込みがちですが、意外とノルウェーのお父さんたちも日本人と変わらないところがあるのかもしれません。

ノルウェーでも日本でも、お父さんたちは育休の取得に不安を抱いていました。しかしノルウェーでは、２００６年時点で7割のお父さんが育休を取得するようになっているのです。

ノルウェーの例から、日本の社会が学べることは少なくなさそうだと思いませんか。

育休は「伝染」する

ノルウェーの経済学者たちは、どのようにお父さんたちの間で育児休業取得が広がっていったのか、そのプロセスを詳しく調べました。[*2]

彼らが注目したのは、同僚や兄弟といった近しい人が育休を取ったことが、お父さんの育休取得に及ぼす影響でした。

1993年の育休改革直後に育休を取ったのは一部の勇気あるお父さんたちでした。**こうした勇気あるお父さんが、同僚あるいは兄弟にいた場合、育休取得率が11〜15パーセントポイントも上昇した**ようです。一方で、義理の兄弟や近所の人が育休を取った場合には、育休取得に影響を与えませんでした。自分が育休を取るかどうかは、近しい人からは影響を受けるけど、あまり関係の強くない他人からは影響を受けないようです。

さらに興味深いことに、**会社の上司が育休を取ったときの部下に与える影響は、同僚同士の影響よりも2・5倍も強い**ことがわかりました。やはり、上司が率先して育休を取ることで、部下も安心して育休を取ることができるようです。

周囲で育休を取った人がいない場合、最初に自分が育休を取るのはなかなか勇気がいるものです。育休を取ることで、上司や同僚に冷たい目で見られないか、昇進の機会を失ってしまうのではないかといった心配がつきまといます。ノルウェーでは、育休を取ることで不利に扱われる事例は少なかったようですが、実際に何が起こるかは、育休を取ってみなければわからない部分があります。育休制度が変わることで、一部の「勇気ある」お父さんたちが育休を取り、彼らが不利に扱われないことを目にした同僚たちがそれに続く、といったメカニズムがここでは働いているようです。

この話を裏づける証拠として、公務員や労働組合が強い企業では、周囲で育休を取った人がいるかどうかは、人々の育休取得にあまり影響しないことが示されています。公務員や労働組合が強い企業では、労働者の立場が強く守られているため、育休を取ることで昇進に悪影響が及ぶのではないかと心配する人は比較的少ないと考えられます。こうした職場では、誰かが育休を取って、その人がその後、不利に扱われなかったことを確認しなくても、育休を取ることができます。

必ずしも労働者の立場が守られていない一般の企業では、誰かが育休を取って、その後、不利に扱われなかったことを周りの人々が確認することは大きな意味を持ちます。あとに続いて育休を取る人が一人、また一人と増えていくにつれて、育休を取ることで自分が不利に扱われることはないという確信の度合いを深めていくためです。こうした育休の連鎖とでも呼ぶべきプロセスを通じて、２００６年にはお父さんの育休取得率が70パーセントに達しました。

お父さんたちの育休取得を支えるには

ノルウェーの経験から、私たち日本人は何を学ぶことができるでしょうか。

まずは、お父さんが育休を取ることで、職場で不利に取り扱われないことをしっかりと保証することです。法律上は、育休取得を理由に不利に取り扱ってはならないとされていますが、職場での実態がどうであるかが問題です。

サービス残業に見られるように、本来は違法とされていることが、一部の企業ではまかり通ってしまっているのが日本の現状です。行政機関が厳しく違法行為を取り締まるとともに、経営層が管理職に対して、法律に従った労務管理を行うようしっかりと指導しなければいけません。

次に、職場で最初に育休を取る「勇気あるお父さん」たちが出てくるように、お父さんたちの背中を押してあげる必要があります。ノルウェーでは、育休改革がお父さんたちの背中を押しましたが、日本では法律上の育休制度の整備では不十分なようです。1カ月程度の短期については、制度上の給付金額を100パーセントにする、会社が独自に上乗せした給付金を支払う、あるいは育休を取ったお父さんを表彰するといった形でサポートするのは有効でしょう。

日本の制度では、直近6カ月の給料の67パーセントが給付金として支払われますが、この給料にはボーナスは含まれていません。**ボーナスをもらうことを前提として家計をやりくりしているサラリーマン家庭がほとんどでしょうから、現在の給付金では不十分**であるのかもしれません。

そして、職場で最初に育休を取った「勇気ある」お父さんたちが、その後、不利に扱われなかったことを広く知らしめるべきです。育休を取った後、職場でどのように活躍したのか、昇進したのかといった情報を社内で共有することで、この職場は育休を取った男性社員を不利に扱わないのだということを、他の社員たちに確信させなければなりません。

これら三つのステップはいずれも実行は簡単ではありませんが、着実に取り組むことで、お父さんたちの育休取得は進んでいくでしょう。最初のひと押しがうまくいけば、あとは雪だるま式に育休を取るお父さんたちが増えていくということは、ノルウェーの経験が教えてくれています。

3　育休で変わる家族のライフスタイル

育休取得はお父さんの所得をわずかに下げるが……

それでは、お父さんたちが実際に育児休業を取るようになると、彼ら自身のキャリアにはどんな影響があるのでしょうか。また、お父さんたちは育休取得を機に、より子育てや家事に関わるようになるのでしょうか。もしそうならば、子どもの発達に好影響がありそうですが、実際のところはどうなのでしょうか。そして、お父さんが「イクメン」化することで、夫婦関係は良くなるのでしょうか。一つ一つ見ていきましょう。

お父さんが育休を取ることで心配されるのは、やはり所得への影響です。すでに触れたとおり、お父さんたちが挙げる育休を取らない主な理由としては、将来のキャリアへの悪影響がありました。

では育休を取ることで、お父さんたちの収入には実際にどのような影響があったのでしょうか。育休を取るお父さんたちは、世界全体で見るとまだまだ少数派であるため、十分な研究の蓄積があるとは言えませんが、お父さんの育休取得率が高い北欧の国々では、お父さんの育休取得が所得に及ぼす影響を評価した研究がいくつか見られます。

ノルウェーでは１９９３年の育休改革で、お父さんの育休取得率が大幅に高まりました。この改革前に子どもが生まれたお父さんと、改革後に子どもが生まれたお父さんの所得を比較することで、育休を取ることが所得に及ぼす影響について知ることができます。

ノルウェーでは税務データを研究目的に利用することができるため、育休改革前後に子どもが生まれたすべてのお父さんたちを対象として分析を行うことができます。分析の結果、**4週間の育休取得はお父さんの所得を2パーセントほど下げる**ことがわかりました。そして、この影響は子どもが5歳になった時点でも消えないそうです。[*3]

2パーセントという数字自体はそれほど大きなものではないかもしれませんが、わずか４週間の育休取得が数年先の所得に影響するというのは驚くべきことかもしれません。

では、なぜお父さんたちの育休取得後の所得が下がってしまったのでしょうか。論文の著者らによると、これはお父さんたちが自分の選択として、**育休後も子育てや家事により熱心に関わるようになり、仕事に費やす時間とエネルギーが減った結果なのではないか**と推測しています。データが足りないため、この仮説が正しいかどうか、直接検証はされていないのですが、著者らは、これ以外の仮説についても検討しています。

収入より「家族との時間」を大切にする選択

やはり一番気になるのは、育休を取ったことで会社からの評価が下がってしまうのではないかという点です。育休を取ると、仕事に対して献身的でなく、家庭を優先する人だとみなされ、昇進や昇給の機会が与えられなくなる可能性があります。しかし、この育休改革の結果、お父さんの育休取得はもはや普通のことになってしまったため、育休取得を理由に不利に扱うとは考えにくいというのが、著者らの説明です。

育休によるキャリアへの悪影響の理由として、もう一つよく挙げられるのは、プロとしての仕事の能力が休業中に落ちてしまうことです。これは長期間育休を取る女性についてよく挙げられる育休取得のデメリットですが、たかだか4週間の育休で仕事の能力が落ちるとは考えにくいため、こちらも当てはまらないだろうと著者らは考えています。

育休取得がお父さんの所得に及ぼす影響については、スウェーデンでも研究が行われています。[*4] スウェーデンではお父さんの子育て参加を促すために、1995年に育休改革を行い、お父さんだけが取ることのできる1カ月の育休を導入しました。

改革直前に子どもが生まれたお父さんと、改革直後に子どもが生まれたお父さんのその後の収入を比較し分析した結果、お父さんの育休取得は先に述べたノルウェーと同様に、その後3年間の所得を2パーセントほど減らすことがわかりました。

ここで紹介したノルウェーとスウェーデンでは、お父さんの1カ月ほどの育休取得は、小さい収入減少につながったようですが、日本ではどうでしょうか。日本では、まだまだお父さんの育休取得が進んでおらず、データが整っていないため、この疑問に明確に答えを出すには至っていません。

お父さんが育休を取ることで家庭を大事にするようになり、本人のライフスタイル選択の結果として収入が減ってしまうのならば納得のいく話です。しかし、育休取得のせいで、職業人としての評価を下げられてしまうのは好ましくないと考える人も多いでしょう。お父さんの育休取得が当たり前のことになれば、そうしたことは避けられるかもしれませんが、育休取得のために職場で不利に扱われることがないと安心できなければ、そもそもお父さんの育休取得も進みません。

子どもが熱を出した時、会社を休むお父さんは増えたのか

ノルウェーやスウェーデンといった国々では、お父さんだけが取ることのできる育休を用意しましたが、この目的は「イクメン」を増やすことにありました。これらの国々でも以前は、育休は女性が取るものとみなされていて、育休取得率には大きな男女差がありました。これが、家庭内のみならず社会における男女の役割分担を固定化するという心配から、お父さんの育休取得を政策的に促したわけです。

ここまでに見てきたとおり、北欧の国々での育休改革は、たしかにお父さんの育休取得を大幅に増やしました。では、その結果、期待通りに「イクメン」は増えたのでしょうか。

スウェーデンでは、12歳までの子どもが病気をした場合には、育休と似たような形で、親は看病休業を取ることができます。給料の75～80パーセント程度が手当として支払われ、子ども一人あたり年間60日まで取ることができます。

スウェーデンでは、子どもの看病のために仕事を休むのは普通のことで、2歳児で見ると、65パーセントの子どもは少なくとも一方の親が休業を取っています。大きくなるにつれて、子どもが病気をすることは減りますから、それにともなって両親の休業も減っていきます。

研究では、**育休改革の結果、お父さんが子どもの看病のための休業を取るようになったかどうかを検証しています。**[*5] お父さんの看病休業が増えていれば、「イクメン」化が進んだとみなそうという考え方です。

研究によると、スウェーデンの1995年の育休改革では、お父さんの育休取得日数の平均は30日から45日へと50パーセントも増えました。**しかし、子どもの看病のための休業はほとんど変化しませんでした。**

お父さんの育児と家事への参加を、子どもの看病のための休業だけで測ることができるかという疑問は残るものの、この論文の著者らは、お父さんが育休を取ることと、その後も「イクメン」であり続けるかどうかは必ずしもつながらないのだと結論づけています。

関連した研究はノルウェーでも行われました。ノルウェーの研究では、データの制約のため、お父さんがどの程度、家事や育児に関わっているのか直接検証することはできませんでしたが、お父さんの育休取得が子どもの発達に与えた影響を知るために、子どもの学校での成績に着目しています。[*6] この研究によると、1993年の育休改革の結果、お父さんの育休取得が増えました。そして、**お父さんが育休を取得した場合、子どもが16歳になったときの偏差値が1ほど上がった**そうです。

なぜたった数週間のお父さんの育休取得が、16歳時点での子どもの成績に影響しうるのでしょう。論文の著者らは、わずかな育休取得でも、ライフスタイルに大きな影響を与え、お父さんが子育てに熱心になった可能性を重視しています。また、心理学の知見によると、**生後1年間の親子のふれあいが、その後の長期にわたる親子関係に大きな影響を及ぼす**ことを引用し、短い育休取得でも子どもへの影響が持続しうると論じています。

この研究では、両親と子どもの関わりを直接検証しておらず、実際に何が起こったのかをうかがい知ることができないため、著者らの説明を鵜呑み(うの)みにすることはできません。しかし、お父さんの育休取得は世界全体でもあまり進んでおらず、そのため、お父さんの育休取得の子どもに対する影響はほとんどわかっていませんから、その意味では貴重な研究です。今後、研究の蓄積が進むにつれて、先に述べたような欠点も克服され、より詳しい理解にたどり着くことが期待されています。

たった1カ月の育休がライフスタイルを変える

カナダのケベック州で行われた育休改革の結果を分析した研究は、より直接的に父親の家事、育児時間を調べることで、お父さんが育休取得をきっかけに、その後も熱心に家事、育児に関わるようになるのかどうかを検証しています。[*7]

ケベック州は、カナダ全体で適用される制度から離脱し、州独自の育休制度を２００６年に始めました。この制度のもとでは、お父さんだけが取ることのできる５週間の育休が用意されています。その他にも、給付金が引き上げられたり、育休を利用できる条件が緩められたりしました。

ケベック州は、カナダの中でも他の州とは大きく異なる文化と制度を持っています。カナダのほとんどの州では英語が最も広く話されていますが、ケベック州ではフランス語が中心です。州最大の都市モントリオールでのフランス語人口は、フランス国外の都市としては最大です。

街全体がフランスの影響を色濃く受けており、食文化も街並みもカナダやアメリカの他の都市とは大きく異なっています。私は英語圏のオンタリオ州に住んでいたのですが、ケベック州はお気に入りの旅行先で、住んでいた街とは大きく異なる雰囲気を楽しむことができました。特に州都のケベックシティは街並みが美しく、食事も美味しくおすすめの観光地です。また、ローレンシャン高原の紅葉の美しさは世界的にも有名です。

ちょっと話題がそれてしまいましたが、ケベック州はカナダの他の州とは異なる独自の制度を持っており、カナダ・アメリカの他の州よりも、**文化・制度においてはフランスにより近い**と考えられています。特に家族政策はカナダ・アメリカのどの州よりも先進的であるため、ケベック州とカナダ・アメリカの他の州を比較した政策研究が多数あり、社会科学の研究者にはおなじみの場所です。

ケベック州の育休改革を分析した研究では、育休改革前後で人々の行動がどう変化したかに着目しています。分析によると、お父さんの育休取得率は改革前には21パーセントでしたが、改革後には75パーセントと大幅に上昇しています。これにともない、平均育休期間も2週間から5週間へと長くなっています。

やはりケベック州でも育休改革でお父さんたちの育休取得は増えたようですが、それをきっかけに、お父さんたちはその後も家事や育児に関わるようになったのでしょうか。研究では、育休取得後1~3年の期間を対象に、お父さんの子育て時間と家事時間を調べ、育休取得でこれらの時間がどう変化したのか検証しています。

育休改革前には、お父さんは1日あたり平均で、およそ1時間半を子育てに費やしていました。**育休改革後には、20分ほど子育て時間が増え**、1日あたりおよそ1時間50分を子育てに費やすようになったそうです。また、お父さんの**家事時間は1日あたり平均1時間10分か**

ら15分伸びて、1時間25分になりました。ケベック州では、育休取得をきっかけに、お父さんたちの子育てと家事の時間が増えたようです。

このケベック州の育休改革を評価した研究は、直接お父さんの家事・育児時間を調べているという点で、これまでのノルウェーとスウェーデンの研究に比べて優れています。

同じ政策でも、国によって背後にある制度も文化も違うため、単純に比較できないものの、1カ月ほどの育休が、その後のお父さんのライフスタイルを少なからず変えてしまうというのは興味深い結果です。日本でも、育休を取るお父さんが増えたら、「イクメン」化が進むのでしょうか。

我が身を振り返ると、赤ちゃんはとても小さくてどう接していいのかわからず、途方に暮れてしまったことを覚えています。ただ、接しているうちにすぐに慣れてしまうので、子どもが生まれたらすぐに育休を取って、早い時期に赤ちゃんに馴染んでおくのがいいのかもしれません。はじめが肝心です。

私自身は「イクメン」には程遠いですが、それでも子どもを自分の手で育てたと実感できるのは大きな喜びです。どのように子育てを行うかはあくまで個人の価値観の問題だと思いますが、子育てを望む日本のお父さんたちが、より子育てを楽しめるように、育休が取りやすい世の中になってほしいと思います。

4　では、夫婦の絆は深まるのか

夫婦仲は良くなる？

お父さんが育休を取ることで、育児負担が特に大きな生後間もない時期を、夫婦で協力して乗り越えることを期待するお母さんもいることでしょう。この経験が夫婦間の絆を深め、夫婦仲をより良くすると考えられますが、実際どのような影響を与えるのでしょうか。

アイスランドの研究では、**お父さんの育休取得が、その後の夫婦の離婚を減らすのかどうか**検証しています。[*8] アイスランドは北欧の国で、やはり、お父さんの育休取得率が非常に高い国です。それでも、かつては育休を取るお父さんというのは極めて稀でした。

そうした状況を変え、お父さんの育児参加を促すために、お父さんだけが取ることのできる1カ月の育休を2001年に導入し、2002年には2カ月に、2003年には3カ月へと少しずつ期間を延長していきました。育休中は、普段の給料の80パーセントにあたる額を、給付金として受け取ることができます。

これまで紹介した他の国と同じように、この一連の改革で、お父さんの育休取得は大きく増えました。特に、育休取得日数に占める男女の割合という視点で見ると、この変化は大きなものだったようです。制度変更直前の2000年時点では、育休取得日数に占める男性の割合は3パーセントに過ぎず、育休はお母さんが取るものと考えられていました。しかし、2001年の改革以降、この数字は上がり続け、2005年時点では、育休日数の3分の1は、お父さんが取ったものとなったのです。これは北欧諸国の中でも飛び抜けて高い数字です。

この制度変更の効果を評価した研究者らは、制度変更直前に子どもが生まれた夫婦と、制度変更直後に子どもが生まれた夫婦の間で離婚率が異なるかどうか調べました。お父さんの育休取得が離婚率を下げるならば、育休改革後に子どもが生まれた夫婦の離婚率が下がっているはずです。

日本と異なり、アイスランドでは法的な婚姻関係を結ぶ人は、子どもを持つ親の半数程度です。したがって、法的な婚姻関係にある夫婦のみならず、同居している事実婚の夫婦すべてを分析の対象としています。

制度変更直前に子どもが生まれた夫婦は、出産5年後時点での離婚率が23パーセントでした。一方、制度変更直後に子どもが生まれた夫婦は、出産5年後時点での離婚率が17パーセントにとどまりました。出産10年後時点で見ても、育休改革により、離婚率が33パーセントから29パーセントに下がっています。この結果は、**育休改革にともなうお父さんの育休取得が、夫婦関係の安定につながった**ことを示しています。

心理学、社会学といった分野の研究では、子どもを持つことが、結婚に対する満足度を引き下げたり、離婚率を引き上げたりするのではないかといった指摘がなされてきました。子どもを持つことによって、夫婦だけで過ごす時間が減ってしまうこと、自分のために使える時間とお金が減ってしまうこと、そして妻は自分のキャリアが犠牲にされてしまうことなどが理由です[*9]。

お父さんが育休を取ることにより、お母さんだけが育児に関わるのではなく、夫婦ともに関わることでこうした不満をやわらげ、夫婦関係を良いものにすることにつながったというのが、この論文の著者らの見解です。

お父さんの育休取得で離婚が増える？

アイスランドでは、お父さんの育休取得が離婚率を下げることにつながったことが明らかにされましたが、これは他の国でも当てはまるのでしょうか。実は、スウェーデンでも同様の研究がなされました。

すでに説明したとおり、スウェーデンでは１９９５年の育休改革で、お父さんの育休取得率は大幅に上昇しました。育休改革直前に子どもが生まれた夫婦と、直後に子どもが生まれた夫婦のその後を追跡し比較した結果、アイスランドとは逆に、**スウェーデンでは離婚率が上昇した**ことがわかりました。

育休改革直前に子どもが生まれた夫婦が、出産後３年以内に離婚する確率は12パーセントでしたが、直後に子どもが生まれた夫婦については13パーセントと高くなっています。これは育休改革によって離婚が１パーセントポイント増えたことになります。改革前の離婚率が12パーセントだったのですから、これは決して小さくない変化です。一方で、５年以内の離婚率で見ると大きな差はありません。したがって、出産５年後には離婚していたであろう夫婦の一部について、離婚までの期間が３年以内に前倒しされたと見なすことができます。論文の著者らは、いずれ離婚する夫婦の離婚時期が早まったのであり、育休改革が離婚件数そのものを増やしたわけではないという解釈をしています。

こうした離婚の前倒しが起こった理由として、著者らは三つ取り上げています。

一つは、お父さんが育休を取って、夫婦でともに過ごす時間が増えた結果、実はお互いの相性が良くないことに気がついたというものです。もう一つは、お父さんが育休を取り、育児に関わることが、お父さん本人にとって大きなストレスとなったというものです。お父さんには大きな役割の変化を迫るものですから、それを大きなストレスと感じたお父さんもいたのかもしれません。そして三つめの理由は、家計所得が減ったことです。お金があれば避けられる面倒も、お金がない中では大きなストレスとなって夫婦に降りかかり、結果、夫婦仲を悪くしたのかもしれません。

アイスランドとスウェーデンは、ともに家族政策に前向きな社会というイメージがありますが、ここではかなり異なった結果が出ています。なぜこうした違いが生まれているのかは、現在までのところ明らかになっておらず、今後のさらなる研究が必要です。

必要なのは変化に対する心構え

アイスランドとスウェーデンの経験から、私たちは何を学び取るべきでしょうか。お父さんの育休取得を増やすことは、家族にとって良くも悪くもなりうることが示されました。それまでは夫婦二人だけで過ごしていたのに、子どもが生まれることで、お父さんとお母さんとしての役割を迫られるようになります。こうした変化に対する心構えを助けるために、お父さんにもお母さんにも、どのような準備をすべきなのか学ぶ機会を提供する必要があるのかもしれません。

お母さんは妊娠期間を通じて少しずつ母になる準備ができるのかもしれませんが、お父さんは体の変化が起こらないこともあって、なかなか準備が進まないのかもしれません。私自身、正直に言うと、子どもが生まれた最初の数日は、家族がもう一人いることに戸惑いを覚えました。ストレスでも不快感でもないのですが、不思議な感覚にうまく馴染めなかったのです。人によっては、ここで大きくストレスを感じるのでしょうから、そうしたお父さんに事前に手助けがあれば、スムーズに子育てに関われるようになるかもしれません。

もう一つ大事なのは、やはりお金です。お金がないばかりに、ささいなトラブルが夫婦仲を悪くしてしまうというのは想像に難くありません。育児休業給付金の額を高くするだけでなく、子ども手当や、子育て費用に対する補助の充実が欠かせません。

若いお父さんとお母さんに対するこうした支援が充実していれば、お父さんの育休取得は、夫婦間の絆を深め、アイスランドが経験したように、離婚率の低下につながっていくのかもしれません。

世界的にもお父さんの育休取得は進んでいないため、まだまだわかっていないことも多いのですが、お父さんが育休を取るようになると、家族は大きな変化が避けられません。何が起こりうるのか外国の経験を通じて知っておくことは、私たちにとって必要な備えでしょう。

第4章　注

＊1　Yamaguchi S. Dynamic Effects of Parental Leave Policy on Female Labor Market Outcomes. Quant Econom. 2019. doi:10.2139/ssrn.2498212

＊2　Dahl GB, Løken KV, Mogstad M. Peer Effects in Program Participation. Am Econ Rev. 2014;104(7):2049-2074. doi:10.1257/aer.104.7.2049

＊3　Rege M, Solli IF. The Impact of Paternity Leave on Fathers' Future Earnings. Demography. 2013;50(6):2255-2277. doi:10.1007/s13524-013-0233-1

＊4　Avdic D, Karimi A. Modern Family? Paternity Leave and Marital Stability. Am Econ J Appl Econ. 2018;10(4):283-307. doi:10.1257/app.20160426

＊5　Ekberg J, Eriksson R, Friebel G. Parental leave —— A policy evaluation of the Swedish "Daddy-Month" reform. J Public Econ. 2013;97(1):131-143. doi:10.1016/j.jpubeco.2012.09.001

＊6　Cools S, Fiva JH, Kirkebøen LJ. Causal Effects of Paternity Leave on Children and Parents. Scand J Econ. 2015;117(3):801-828. doi:10.1111/sjoe.12113

＊7　Patnaik A. Reserving Time for Daddy: The Consequences of Fathers' Quotas. J Labor Econ. 2019;(October 2019).

＊8　Steingrimsdottir H, Olafsson A. How does daddy at home affect marital stability? Econ J.2019

＊9　Twenge JM, Campbell WK, Foster CA. Parenthood and Marital Satisfaction: A Meta-Analytic Review. J Marriage Fam. 2003;65(3):574-583. doi:10.1111/j.1741-3737.2003.00574.x

第5章

保育園の経済学

幼い子どもを持つ親御さんの多くにとって、保育園を利用できるかどうかは死活問題です。保育園が使えないとなると、職場に復帰できなくなり、キャリアを諦めざるを得なくなることも珍しくありません。

待機児童問題は、長年にわたって新聞・テレビなどのメディアで取り上げられていますが、問題が解決に向かう気配は一向にありません。そもそも重大な社会問題として認識され、厚生省（現・厚生労働省）が初めて待機児童数を発表したのが1995年ですから、これだけの時間をもってしても解決できなかったという事実には失望させられます。

もっとも、政府が全くの無策だったというわけではありません。取り組みが不十分であったことは認めざるを得ないものの、常に政策課題の一つとして取り上げられてきましたし、安倍政権においても、「新・三本の矢」の「夢をつむぐ子育て支援」の一環として、待機児童の解消が目指されました。

こうした政策の最終的な目標は出生率の向上にありますが、もう少し身近な目標としては、働くお母さんたちへの支援が挙げられます。保育園を利用することで、お母さんが安心して社会で働くことができるようになることが、政策目標として捉えられてきました。

一方、こうした**保育政策をめぐる議論の中であまり顧みられることがなかったのが、当事**

者である子どもへの影響です。もちろん、子どもが安全に過ごせることは、保育の大前提とされてきましたが、子どもの知能や情緒の発達に及ぼす影響はほとんど論じられることはありませんでした。

この章では、保育園が持つ幼児教育施設としての側面に着目し、保育園通いで子どもがどう変わるのかを見ていきます。

前半部分では、幼児教育についての経済学研究から、これまでに何が明らかにされたのか整理します。

そして、後半部分では、私自身の研究に基づいて、保育園通いが日本の子どもたちにどんな影響があったのかを明らかにします。

最後に、幼児教育・保育の無償化に始まる現在の保育政策の是非と、将来のあるべき姿について議論します。

1　幼児教育の「効果」について考えてみる

もし、あなたの子が幼児教育を受けていなかったら

近年、保育園・幼稚園で行われる幼児教育が、世界中で注目を集めています。アメリカではオバマ前大統領が4歳児向けの教育プログラムの推進を各州にうながしてきましたし、動きの早かったEUでは2000年代前半に、9割の子どもが幼児教育を受けられるようにすることを目標に定めました。

こうした動きの背景にあるのは、経済学を含む、さまざまな分野での研究成果の蓄積です。これまでの研究によると、**幼児教育は、子どもの知能指数のみならず、意欲、忍耐力、協調性を含む、社会情緒的能力と呼ばれるものを改善し、子どもの人生に大きな影響を及ぼす**ことが明らかにされてきました。

幼児教育は子どもの発達に好影響、といっても、幼児教育の「効果」とはそもそも何なのでしょうか。科学的研究で測られる「効果」とは、ある幼児教育プログラムに参加した場合

と、参加しなかった場合とで比較した、知能指数や社会情緒的能力の差として定義されます。たとえば、「保育園通いが子どもの知能指数に与える効果」を知りたいのであれば、「保育園に通った場合の知能指数」と、「通わなかった場合の知能指数」を比較して、その差を保育園通いの効果とみなします。

ここで気をつけないといけないのは、保育園に通わなかった場合、子どもたちは日中どのように育てられるのかということです。お母さん、あるいはお父さんに育てられる子どももいるでしょうし、おばあさん、おじいさんやその他の親戚に育てられる子どももいます。３歳を超えた子どもであれば、幼稚園に通っているかもしれません。

ある子どもが保育園に通わない代わりに、幼稚園に通っているとしたら、測定される保育園通いの効果は、ほとんど見つけられないでしょう。これは、保育園でも幼稚園でも、その道のプロである保育士さんや先生が、子どもに質の高い教育を行っているため、両者の間に大きな発達の違いが生まれないためです。

逆に、子どもにあまり構わないような親や親戚と日中過ごしているような子は、知的な刺激を十分に受けることができません。こうした子どもにとっては、保育園通いの効果は大きなものとなると考えられます。

保育園通いの効果を正しく解釈するためのポイントは、もし子どもが保育園に通っていなかったら、どんな環境で育てられたのだろうかと考えることです。

経済学界の〝怪物〟、ジェームズ・ヘックマン

この分野の研究を大きくリードしてきた一人が、シカゴ大学のジェームズ・ヘックマン教授です。ヘックマン教授の一連の研究は、アメリカ社会に大きな影響力を持ち、オバマ前大統領の幼児教育政策を方向づけたと言われています。著書『幼児教育の経済学』(東洋経済新報社)は、日本でも話題になったので、ご存知の読者さんもいるかもしれません。

ちなみにヘックマン教授は２０００年にノーベル経済学賞を受賞していますが、受賞理由はある有名な統計分析手法を開発したことであり、幼児教育研究は、直接、関係しているわけではありません。ノーベル賞を受賞してなお、幼児教育の研究を精力的に進め、新たにノーベル賞級の成果を上げている経済学界の怪物です。

ヘックマン教授は、さまざまな幼児教育プログラムの効果を検証しました。

その中でも最も有名なものは、「ペリー就学前プロジェクト」と呼ばれるもので、１９６2～67年に、３～４歳の低所得の黒人家庭の子どもたちを対象に始められました。

このプログラムでは、子どもたちを幼稚園のような施設に集め、週あたり12～15時間ほど教育を受けさせせました。加えて、先生が週１回家庭訪問を行い、子育てについてのアドバイスを保護者（主にお母さん）に行いました。内容の充実もさることながら、先生は、みな４年制大学を卒業し、州政府が認可する幼児教育の資格も持っている一流の先生ばかりですから、このプログラムの質は一級品と言えます。

このプログラムのユニークな点は、**参加者を無作為抽選によって決めている**ことです。統計学では、無作為抽選を行い、プログラムに参加した子どもと参加しなかった子どもを比べることで、プログラムの効果を正しく測れることがわかっているためです。

抽選の結果、58人がプログラムへの参加を認められました。一方、65人がプログラムには参加しないものの、データ収集の対象として調査に参加しています。人数が少ないのは、プログラムの実施には大きな費用がともなうためです（もちろん、参加者の費用負担はありません）。

ペリー就学前プロジェクトでは、子どもの認知能力や社会情緒的能力を測定の対象とするだけでなく、**40歳に至るまで長期追跡調査**を行っており、大人になってからの社会参加や生活状況を詳しく調べています。

これがペリー就学前プロジェクトの概要ですが、私自身は、このプロジェクトの全体像を知ったときに、衝撃を受けました。

幼児教育について社会実験を行うという発想はもちろん、40歳に至るまで追跡調査を行うという気の長さ！　人間を深く知ろうという情熱と根気に圧倒されます。さらに言えば、こんなプロジェクトを１９６２年にやってしまうのですから、トランプ大統領でなくとも、アメリカという国の偉大さを感じずにはいられませんでした。

知能より、軋轢を生む問題行動を減らす効果がある

ペリー就学前プロジェクトの短期的な効果は目覚ましいものでした。[*1]5歳時点で評価した知能指数、学力テストの点数は軒並み大幅に上がっていますし、情緒面で見ても、勤勉さが改善されました。

しかし、知能面に対する効果は長続きしなかったようです。知能指数に与える効果は、8歳時点でほぼ消えてしまいました。この結果、ちょっと残念な感じがしますが、実は、多くの幼児教育プログラムに共通して現れるパターンです。大抵の幼児教育プログラムは、実施直後に大きな効果を見せますが、小学校入学後、2〜3年経つと、知能指数に対する効果は

消えてしまうことが広く報告されています。

残念ながら、いっときの勉強で、長い期間にわたって頭の良さを保ち続けられるというような、うまい話はないようです。やはり、勉強はやり続けなければ、頭の良さは早晩衰（おとろ）えてしまうのでしょう。人間、一生勉強というのは真理なのかもしれません。

しかし、知能に対する影響がいずれ消えてしまうことをもって、この幼児教育プログラムには効果がなかったと結論づけるのは早計です。40歳になるまで追跡調査を続けた結果わかったのは、**幼児教育は将来の高校卒業率を引き上げ、大人になってから仕事に就（つ）いている確率を上げ、所得を増やしたということです。さらに、生活保護受給率を下げ、警察に逮捕される回数も減らすなど、さまざまな社会生活面で大きな効果を上げた**ことが明らかになりました。

知能に対する効果は、数年で消えてしまうのに、一体どうして大人になってからの社会生活に影響を及ぼしうるのでしょうか。ヘックマン教授らが詳しくデータを分析したところ、成功の鍵（かぎ）は、非認知能力、あるいは社会情緒的能力と呼ばれるものにあったようです。[*2]

より具体的には、**周囲の人々との間で軋轢（あつれき）を生じさせる問題行動を減らせるようになったことが重要だった**のです。幼児教育が問題行動を減らしたことで、将来の暴力犯罪への関与や警察による逮捕、そして失業を大幅に減らすことにつながったようです。

幼児教育の知能に対する効果が数年で消えたとしても、幼少期に社会情緒的能力を改善すると、その効果は長期にわたり持続したため、大人になってからの社会生活に好ましい影響が現れたと考えられます。まさに、三つ子の魂百まで、といったところでしょうか。

得をするのは、教育を受けた本人だけではない

ここまでの話だけでも、ペリー就学前プロジェクトの成功ぶりがわかるのですが、ヘックマン教授はさらに踏み込んで、経済学者らしく「お金」にまつわる話もしています。[*3] 素晴らしい成果を上げたこのプロジェクトは、その実施費用もかなりの金額に上りました。はたして、このプロジェクトは、その費用に見合った成果を上げたと言えるのでしょうか。

このプログラムが生み出した主な成果は、生涯労働所得の増加、犯罪の減少、社会福祉利用の減少などです。これらをすべて考慮した上で、プログラムの費用対効果を表す指標として、年あたりの収益率を計算すると、7・7パーセントに達したそうです。過去50年間の平均的な株式市場の実質収益率は5パーセントほどですから、**ペリー就学前プロジェクトは、株式市場への投資をしのぐ、「優良投資プロジェクト」だった**と言えます。

この分析でのもう一つの重要な発見は、**こうした経済的利益の半分ほどは、犯罪の減少に由来する**ものであることです。犯罪は社会にとってとても大きな費用を生み出します。ここには、犯罪被害を金銭評価したものはもちろんのこと、収監費用、司法・警察活動に関わる費用などが含まれています。

生涯所得の増加は、教育を受けた本人だけが受け取る利益ですが、犯罪の減少から得られる利益、あるいは費用の節約は、社会全体で薄く広く受け取っています。したがって、**幼児教育によって得をするのは、教育を受けた本人だけでなく、社会全体である**ことが明らかになったと言えます。

これは、幼児教育の費用を誰が負担すべきかという問いに対して、ひとつの手がかりを与えてくれます。子ども自身が得をするのだから、その親が費用負担をすべきだという意見には筋が通っているようですが、それと同時に、**社会全体が得をするのだから、社会全体がその費用を負担すべきだ**という議論が成り立ちます。

つまり、幼児教育には税金が投入されるべきだという意見には、一定の経済学的根拠があるのです。

日本版ペリー就学前プロジェクトは必要か

そんなに素晴らしいのならば、ぜひ日本でも同様のプロジェクトを取り入れるべきだと思われるかもしれません。しかし、それを実行するのは現実的ではありませんし、できたとしても、アメリカで見られたような目覚ましい成果を上げられるとは考えにくいのです。

一つめの理由は、ペリー就学前プロジェクトが対象としたのは貧しい家庭の子どもたちだということです。貧しい家庭では、子どもにとって望ましい発達環境を用意するのは難しく、プログラムに参加した子どもたちと、参加しなかった子どもたちとの間では、知能指数でも社会情緒的能力においても大きな違いが生まれたと考えられます。

ヘックマン教授らの一連の研究をもって、幼児に英才教育をすすめるような話を耳にすることがありますが、日本の平均的な家庭環境は、ペリー就学前プロジェクトの対象となった貧しい家庭の環境よりもだいぶ優れていると考えられますから、ヘックマン教授の研究で報告されたような大きな効果は見られないでしょう。

二つめの理由は、ペリー就学前プロジェクトは社会実験として用意された特別に質の高いプログラムであり、同等のプログラムを低料金で全国的に展開するのはほぼ不可能であるという点です。

たとえば、ペリー就学前プロジェクトの特徴の一つに、週１回の家庭訪問がありますが、これを実行するのは大変な手間です。また、子どもたちを実際に指導した先生は、学歴面でも資格面でも特に優れていたため、これだけの人材を日本全国に揃えるのはなかなか難しいでしょう。もちろん日本の平均的な保育園・幼稚園の質は高く、先生方も大変な努力をされています。それよりさらに質の高い教育を、すべての保育園・幼稚園、そして先生方に均一に求めることが現実的ではないということです。

「恵まれない家庭の子ども」の発達を改善する

日本の幼児教育を考える上で参考になりそうなのは、その国の大多数の子どもたちが通うような「普通の保育園」「普通の幼稚園」の効果を分析した研究です。「普通の保育園」ならば、そこに通う子どもたちは貧しい家庭の子どもに限らないし、特別な学歴・資格を持った先生方だけが教えているわけではありませんから、日本の保育園・幼稚園と大きな違いはないと考えていいでしょう。

思い出話になってしまいますが、私の息子はカナダの幼稚園に１年、日本の幼稚園に１年半ほど通いました。親目線で見る限り、どちらも十分高い質の教育を提供していたように見えます。あえて違いを言えば、日本の幼稚園は団体行動や規律を重んじている気がします。カナダの幼稚園の子どもたちは、かなり自由なのです。

カナダの教室の様子を初めて目にしたときは、そのあまりの奔放ぶりに驚きました。自由というより無秩序なのではと正直心配になったほどですが、どの子もいい子に育っているのを目にするようになると、その良さを受け入れられるようになりました。自分が知らないだけで、良い教育方法はいくらでもあるものだなと勉強になりました。

クラスの子どもたちは、私の息子を除くとみな白人で、英語が母語だったので、そうした中に入っていくのは息子にとってはもちろん、親にとっても大変なストレスと困難がありました。小さいうちならば簡単に英語も身につくのではと甘い期待を抱いていましたが、これは全くの間違いでした。それまで日本語で育てられた子どもが、突然英語オンリーの環境に放り込まれるというのは子どもにとって大変な負担です（息子よ、すまん……）。それでも先生方は常に配慮して、私たちの持つ異文化も尊重してくれました。息子は仲の良い友達ができましたし、親もなんとかやっていくことができました。

さて、話をもとに戻して、海外の「普通の保育園・幼稚園」にはどのような効果があるのかを見ていきましょう。

アルゼンチン[*4]、ノルウェー[*5]、スペイン[*6]、ドイツ[*7]、アメリカ[*8]（ジョージア州、オクラホマ州）といった国々それぞれで、幼児教育が学力に及ぼす影響を評価しています。

これらの研究によると、幼児教育によってテストの点は上がります。しかし、その効果は長くても中学1年生になるあたりまでしか続かず、次第にその効果は薄れていくようです。このパターンはペリー就学前プロジェクトで見られたとおりです。やはり、学力面への影響は長続きしないのです。

いくつかの研究では、社会情緒的能力に対する影響も見ていますが、デンマークでは影響なし[*9]、スペイン[*6]とドイツ[*10]では社会情緒的能力の向上と、それにともなう問題行動の減少が報告されています。ペリー就学前プロジェクトで見られたように、長期的に効果が持続し、犯罪など社会にとって望ましくないような行動が減ったかという点については、まだよくわかっていません。幼児期から大人になるまでの長期追跡調査を大規模に行うことが難しいため、データが不足しているからです。

これらの研究に共通しているのは、**子どもの発達を改善する効果は、恵まれない貧しい家庭で育つ子どもたちに強く表れている**点です。多くの研究では、平均的な家庭で育つ子どもたちに対する効果はほとんど認められていません。これは、研究が行われた先進国での平均的な家庭においては、たとえ公的な幼児教育に参加しなかったとしても、子どもにとってある程度望ましい環境を提供できるためです。

また、イタリアの研究[*11]では、保育の質が子どもの発達にとって重要であることを指摘しています。イタリアのボローニャは有数の豊かな都市で、専業主婦が多く、祖父母が同居ないし近所にいて子どもの世話をしてくれるため、子どもにとっての家庭環境がとても恵まれています。こうした豊かな社会で大規模な幼児教育プログラムを導入した結果、子どもの発達にかえって悪影響があったことが報告されています。

これは、家庭環境があまりに恵まれていた一方で、保育士1人に対する子どもの比率がかなり高く、ボローニャの保育園の質が低かったためだと考えられています。乳幼児の発達には、大人と一対一で触れ合うことが重要です。豊かな家庭における保育では、それを実践できるのですが、質の低い保育園では、子どもと大人が一対一で接する機会がほとんどありません。

日本の保育所の配置基準では、0歳児に対しては、保育士1人あたり子どもは3人までと定められていますが、この程度であれば問題はなさそうです。というのも、次の節で詳しく説明するように、**日本での保育園通いは子どもの発達にプラスの影響こそあれ、マイナスの影響は見つけられなかった**ためです。

幼児教育には常に費用の問題がありますから、現実的には、どこまでも質を高めるわけにはいかないのですが、家庭の保育環境と比べて、大きく劣（おと）らないように、一定の質を確保することが必要であることを、この研究は示しています。

2　家庭環境と子どもの発達

子どもだけじゃなく母親にとってもプラス

日本の保育園に通うことは、子どもたちの発達にとってどんな影響があるのでしょうか。この疑問に答えるべく、私は共同研究者の協力のもと、厚生労働省が行った大規模調査から得られたデータを分析し、子どもたちの言語発達や、多動性・攻撃性といった行動面の発達が保育園通いで、なぜ・どのように変化するのかを調べました。[*12]

日本についての研究ですから、特に読者のみなさんの関心も高いと考え、主要な結果についてかなり詳しく紹介していきます（もっとも、筆者自身の研究なので宣伝させてもらいたいという本音もあるのですが）。

まずは、行われた調査の概要を紹介するとともに、どのように子どもの言語発達、多動性、攻撃性といった行動面の発達を測ったのか解説します。また、子どもの発達のメカニズムを知る上で、家庭環境を理解することは欠かせないのですが、そうした点を理解するために、お母さんのしつけの質や、子育てストレス、幸福度といったものもデータから読み取っていきます。注目したのは、家庭環境によって子どもの発達や、お母さんの置かれた状況はどのように異なるのかという点です。

続いて、保育園通いが子どもの言語面と行動面にどのような影響を及ぼすのかを明らかにします。私たちの研究では、**保育園通いが子どもの発達にプラスの影響があっただけでなく、お母さんにも好ましい影響があった**ことがわかりました。

以下では、この研究について、もう少し詳しく見ていきましょう。

大規模調査の回収率でわかる日本の子どもの「育てられ方」

私たちの分析では、厚生労働省が実施した大規模調査である「21世紀出生児縦断調査」から得られた、集計前の個票データを利用しています。この調査では、2001年、あるいは2010年に生まれた子どもたちの中から8万人ほどを、出生時から追跡し、子どもの発達状況から両親の就労状況、そして家庭環境などについて、詳しく質問しています。

インターネットで検索すると、この調査に協力された親御さんの感想を読むことができ、面倒に思いながらも毎年アンケートに記入してくださる姿が垣間見れます。調査対象の方には粗品が届いていて、気にいっている方もそうでない方もいらっしゃるようですが、これは回収率を上げるために必要な取り組みなのです（もちろん、回答の手間を考えるとささやかではありますが）。

数々の調査を目にしてきた研究者の立場からすると、この**「21世紀出生児縦断調査」の回収率は驚異的な高さで、初回時点で88パーセント**となっています。近年はプライバシー意識の高まりにともなって、この手の調査の回収率はどんどん下がってきているため、回収率が20〜30パーセントの調査というのもザラです。

回収率が低い場合、知りたい対象の全体像を正しくつかめていない可能性が高いのです。「21世紀出生児縦断調査」の回収率が極めて高いということは、この調査が、日本の子どもたちの発達具合の全体像を知るために必要な情報を正しく含んでいることを保証してくれます。

職業病的な見方かもしれませんが、個人的には、この回収率の高さから、**日本中の親御さんたちが、いかに子どもを大切に思っているのかを強く感じました。**虐待など悲しいニュースを耳にすることが少なくありませんが、**多くの子どもたちは、お父さん、お母さんに大切に育てられているのだという認識を新たにしました。**

読者のあなたも、国勢調査やその他の公的統計のための調査をお願いされることがあるかもしれません。公的機関では、プライバシー保護には最大限配慮していますから、ぜひご協力をお願いします。こうした調査があって初めて、世の中の正しい姿が見えてきますし、そこから実現すべき政策が明らかになってきます。公的調査に協力することは、選挙で投票するのと同様、世の中を少しでも良くすることにつながっているのです。

子どもの言葉の発達

「21世紀出生児縦断調査」では、子どもの発達に関して、さまざまな質問をしています。そこから以下の三つの質問を利用して、言語発達指標を作りました。

1　「ママ」、「ブーブー」など意味のある言葉を言う
2　二語文（「ワンワン　キタ」など）を言う
3　自分の名前が言える

これらの質問は子どもが2歳半時点のもので、一つずつ、保護者（実際には母親が9割）が「はい」、「いいえ」で回答します。私たちの分析では、これら三つの質問のうち、いくつに「はい」と答えたかに基づいて、言語発達指標を作成しました（正確に言うと、さらに平均0、分散1になるように正規化しています）。

ひょっとしたら、これらの質問は2歳半の子どもには簡単すぎるのではないかと感じた方もいるかもしれません。その感覚は正しく、この調査では上の三つの質問に「はい」と答えたものは、99パーセント、96パーセント、88パーセントで、ほとんどの子どもにとっては問題なくこなせるものです。

これらと同様の質問は、世界中の小児科医の先生方が子どもの発達具合を確認する際に利用しており、たとえば、アメリカの疾病対策予防センターが配布する「発達の目安」にも掲載されています。その目的は、発達上、専門家の助けが必要な子どもを見つけ出すことにあ

り、これらの質問に対する回答から、どの子が天才児なのか、あるいは英才教育を受けるべきなのかといったことはわかりません。

また、なぜ自分の名前が言えるかどうかが、子どもの言語発達なり、精神的な発達なりを測る上で役に立つのか疑問に思われたかもしれません。実は、自分の名前が言えるということは、自己と他者の区別ができているということで、人間として立派に成長してきていることの証(あかし)なのだそうです。[*13]

子どもの多動性傾向と攻撃性傾向の指標

続いて、子どもの多動性傾向の指標を作りました。実は、注意欠陥・多動性障害(ADHD)の診断には、アメリカ精神医学会で作られたガイドライン(DSM-5)に基づく標準的な質問があり、これは世界中の小児科医の先生方が利用しています。残念ながらそのものズバリという質問は「21世紀出生児縦断調査」には含まれていません。

これがこの調査のちょっと残念なところで、発達心理学の知見がもう少し反映されていれば、子どもの発達や心理状態について、学問的により裏づけのある指標が作れるのにと感じます。調査設計の段階で、専門家の関与が十分でなかったのでしょうか、それとも何か別の事情があったのでしょうか。いずれにせよ、同じ費用や回答者の負担で、より多くのことが正確にわかったかもしれないので、公的調査の設計は、関係する学問分野の専門家の指導のもとで行うのが、社会にとって有益だと考えています。

私たちの研究では次善の策として、多動性傾向の診断に使われる標準的な質問に比較的似た、以下の五つの項目を選びました。３歳半の時点で、それぞれについて、当てはまるか当てはまらないかで答えてもらいます。

1　落ち着きがない

2　飽きっぽい

3　人の話を最後まで聞かない

4　公共の場で騒ぐことがある

5　遊具で遊ぶときに順番を守れない

これらの多くに当てはまると、つまり、多動性傾向が強いと、学校生活をうまく送れず、将来の進学・就職において困ることが増える可能性があります。もちろん、これらはあくまでも目安なので、ＡＤＨＤの診断は専門家にお願いするようにしてください。

これらの質問に答えるのはお母さんなので、どの程度、客観的に判断できるのかという疑問がわきます。複数の海外の調査によると、同様の質問をお母さんと幼稚園の先生の両者に答えてもらい、両者を比較した結果、かなりの確率で両者が一致したそうです。[*14]私たち自身のデータで確認は取れていないので、たしかなことは言えませんが、このデータの信頼性を考える上で、参考になる情報です。

また、ＡＤＨＤはそもそも遺伝など生物学的要因によるのだから、保育園通いで良くなったり悪くなったりするものではないはずだと思われるかもしれません。たしかに、ＡＤＨＤの原因は、脳の前頭野部分の機能異常とされていますが、遺伝的要因とともに、発育期の環境的要因も相互に影響を及ぼすと考えられています。[*15]したがって、保育園通いにともなって、子どもの発育環境が変化すると、多動性傾向の表れ方が変わってくる可能性があります。

子どもの攻撃性傾向についても、以下の三つの質問から指標を作成しました。

1　おもちゃや絵本を壊すことがある

2　人に乱暴することがある

3　気が短い

攻撃性傾向は、多動性傾向と類似点があり、両方を同時に抱える子どもも多いのですが、両者は別々の問題行動として捉えるべきものと考える専門家が多いため、私たちの研究でも区別して分析をしています。

家庭環境で子どもの発達に差が出る

では、こうした発達指標は、子どもの家庭環境によってどの程度異なっているのでしょうか。家庭環境を直接測るのが最も望ましいのですが、その点について詳しく知ることができないため、ここでは便宜的にお母さんの学歴に注目します。お父さんの学歴でもいいのですが、子どもと関係がより密なお母さんを選びました。

気をつけなければならないのは、お母さんの学歴によって、子どもにとっての家庭環境が直ちに決まるというものではない点です。お母さんの学歴が低い場合、子どもにとっての環境が望ましくないものになる傾向が、学歴が高い場合と比べて強くなってしまうのですが、あくまで傾向であり、すべての人に当てはまるものではありません。

また、子どもにとっての家庭環境が望ましいものでなかったとしても、お母さんが責められるべきだということにもなりません。ただ、お母さん、あるいはお父さんの学歴が低い場合、経済的に貧しかったり、子育てに必要な情報が十分に得られなかったりする傾向がどうしても出てきてしまうのが現状です。だから、そうした家庭に十分な支援が届くような社会を築いていく必要があります。

さて、子どもの発達指標はすべて平均が0、標準偏差が1になるように作られています。したがって、数字がプラスであれば、全体の平均以上、マイナスであれば、平均以下であることを示しています。

標準偏差は、あまり馴染(なじ)みがないかもしれませんが、よく知られている偏差値と関係していて、**1標準偏差は、偏差値の10に相当**します。ですから、この指標で1違うということは、偏差値で10違うことになるので、かなり大きな差です。

左の**図表5-1**では、お母さんの学歴によって、子どもの発達度合いがどの程度異なるのかを見ています。一番上のグラフは言語発達指標です。お母さんが4大卒以上である場合、子どもの言語発達は、0・04とプラスの値を示していますから、平均よりも進んでいることを意味します。しかし、その数字は小さく、偏差値換算で0・4ですから、大きな違いがあ

図表５-１　子どもの発達は母親の学歴によって大きく異なる（3歳半）

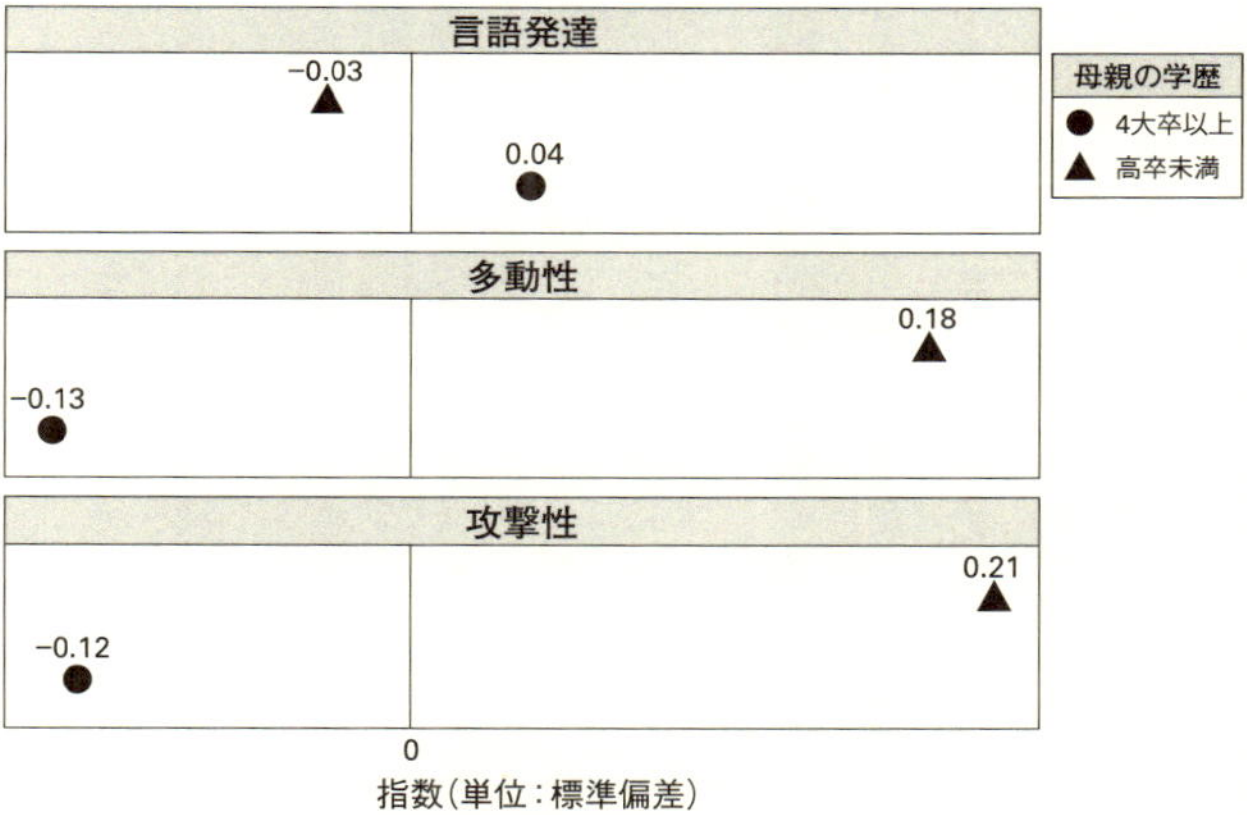

出所）Yamaguchi et al（2018）より筆者作成

ると は言えません。

同じグラフには、お母さんが高校を卒業していない家庭の子どもの言語発達を示しています。マイナス０・03ですから、平均よりも遅れていますが、その数字は小さなものにとどまっています。

より大きな差が見られるのは、その下の二つのグラフで示した多動性、攻撃性指標です。お母さんが４大卒以上である子どもの場合、それぞれ、マイナス０・13とマイナス０・12ですから、平均よりも落ち着きのある子どもだといえます。一方、お母さんが高校を卒業していないと、子どもの多動性指標は０・18で、攻撃性指標は０・21ですから、多少の問題行動が見られる子どもであると判断されます。

グラフを見やすくするため、お母さんが高卒、あるいは短大卒である場合については省略していますが、お母さんが高校を卒業していない場合と、4大卒以上である場合の中間に位置しています。

3 保育園は、母親の幸福度も上げてくれる

子どもを叩いてはいけない、たった一つの理由

保育園通いの効果を理解するためには、子どもだけでなく、お母さんの変化にも注目する必要があります。お母さんに注目するのは、やはり、子どもとの距離が最も近く、影響力が最も大きいと考えられるためです。

お母さんと子どもの関係を知るために、お母さんの子どもに対するしつけのしかたを見ていきます。子どもが3歳半時点で行われた調査では、子どもが悪いことをしたときにどのように対応するのか質問しています。具体的には、以下の五つの質問に対して、「よくする」

「ときどきする」「まったくしない」のどれに当てはまるかで答えてもらいます。

1　言葉でいけない理由を説明する
2　理由を説明しないで「だめ」、「いけない」としかる
3　おしりをたたくなどの行為をする
4　子どものしたことを無視して悪いことに気づかせる
5　外に出す・押し入れに閉じ込める

これらの中で、最も望ましいと考えられているのは、1の「言葉でいけない理由を説明する」で、逆に最も望ましくないとされているのは、3の「おしりをたたくなどの行為をする」です。

なぜ体罰は良くないと考えられているのでしょうか。それは、**親が体罰を行うことで、自分の葛藤や問題を暴力によって解決してよいという誤ったメッセージを伝えることになってしまう**ためだと考えられています。[*16] ある日本の研究では、幼児期に**親に体罰を受けた子どもは、他の子どもに乱暴しがちで、問題行動を起こしやすくなる傾向がある**ことを明らかにし

ています。[*17]

「体罰は避けて、言葉できちんと説明すべきである」というしつけの原則は、ここで教えられなくても知っているよ、というお父さん、お母さんも多いことでしょう。しかし、これを実践するためには大変な根気がいるのもたしかです。

3歳ぐらいまでの子どもがわかるように言葉で説明すること自体大変ですし、親目線で見れば、何度説明しても子どもはちっとも行動を改めないように見えます。そもそも大人だって、一度言われたぐらいで行動を改められないのですから、子どもが特別悪いわけではないのですが、説明するほうのストレスが溜まるのもたしかです。時には感情を爆発させてしまうこともあるでしょう。もちろん私自身、そういう親の一人です。

あくまで個人的な経験に過ぎませんが、息子がかなり小さい間は、体罰とは忍耐をもって避けるべきものでしたが、幼稚園に通う頃になると、体罰は諦めざるを得ないものになりました。どんどん体が大きくなって、力もついてくると、子どもを力で押さえつけるなんて、早晩、私にはできなくなると悟ったのです。腕っぷしに自信がないという、なんだか後ろ向きな理由ですが、少しずつ言っていることが伝わっている実感がでてくると、子育てがぐっと楽しくなったのもたしかです。

また、思わぬ副作用として、息子を言葉で言い聞かせようとしているうちに、自己評価ながら、授業で学生に対する説明のしかたがうまくなったと思います。仕事をされているお父さん、お母さんも、子育てが仕事でのスキルアップにつながることもあるかもしれません。そう考えると、ほんの少しだけ気持ちが楽にならないでしょうか。

子育てストレスと幸福度

調査では、子育てについてのストレスも調べています。「子育てによる体の疲れが大きい」「自分の自由な時間が持てない」など全部で18項目について、当てはまるかどうかを回答してもらい、その回答を統計的に処理することで、子育てストレスの指標を作成しました。

また、子育てからくる主観的幸福度は、「家族の結びつきが深まった」「子どもとのふれあいが楽しい」など全8項目の質問について、当てはまるかどうかを回答してもらい、そこから統計的処理を経て、幸福度についての指標を作成しました。

次ページの**図表5‐2**は、これらの指標を示したものです。子どもの発達指標同様、平均0、標準偏差が1になるように作成しています。しつけの質は、お母さんが4大卒以上である場合、0・23とプラスの大きな値になっています。お母さんが高校を卒業していない場合

図表５-２　お母さんのしつけの質や幸福度は学歴により異なる

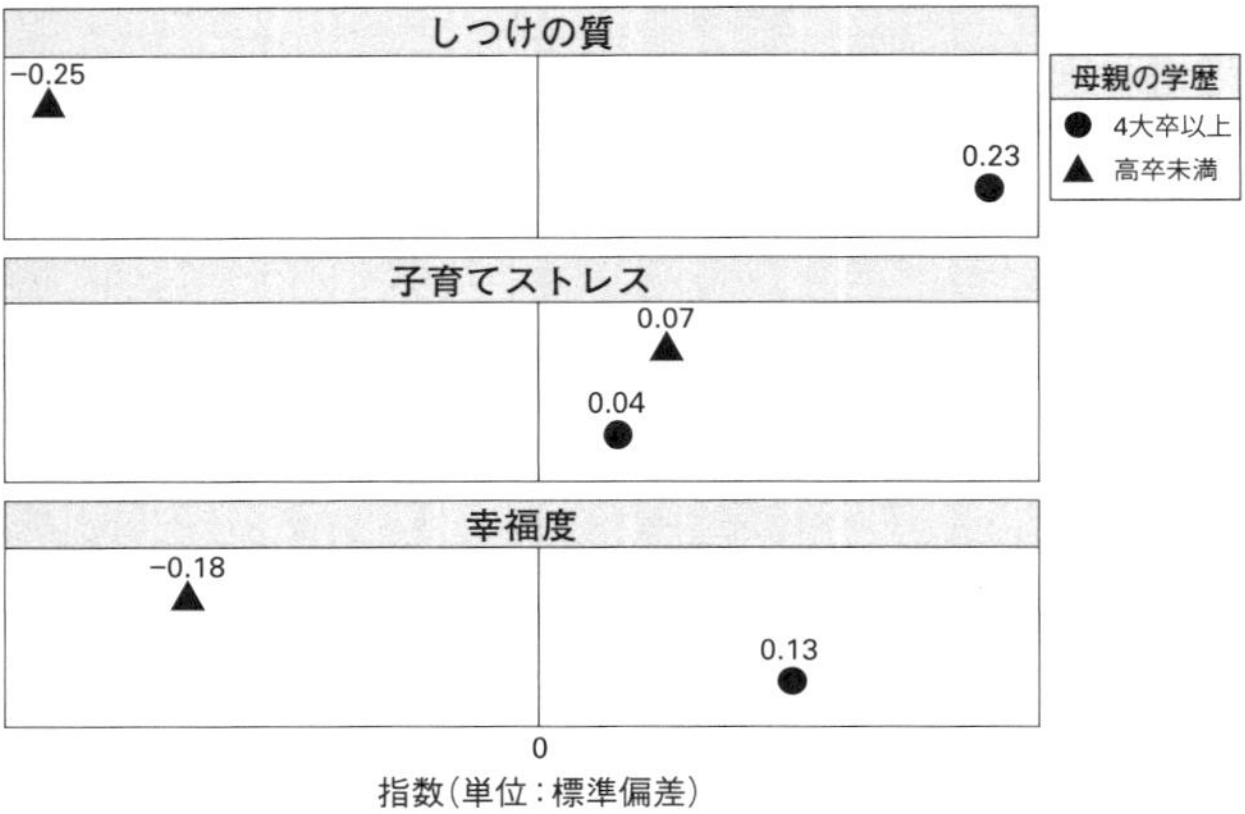

出所）Yamaguchi et al（2018）より筆者作成

には、マイナス０・25とマイナスの大きな値です。両者の差は標準偏差でおよそ０・５、**偏差値で言うなら5違うわけですから、お母さんのしつけの質には、その学歴によって大きな差がある**と言えます。

真ん中のグラフは子育てストレスです。お母さんが４大卒以上であれば０・04、高校を卒業していなければ０・07ですから、どちらも平均より強いストレスだと言えますが、数字自体は小さなものです。

一番下のグラフは、幸福度を示しています。お母さんが４大卒以上であれば０・13、高校を卒業していないならばマイナス０・18ということで、学歴が高いほうが幸福度も高くなっています。その差も、小さくはありません。

子どもの発達だけでなく、お母さんのしつけの質や幸福度も、学歴間で大きな違いがあることが明らかになりました。

保育園通いで子どもはどう変わる？

こうして作られた子どもの発達や、しつけの質、お母さんのストレスと幸福度といった指標が、保育園通いをすることで、どう変化するのかを測るのが研究の目的です。真っ先に思いつくやり方は、保育園に通っている子どもと、通っていない子どもとの比較ですが、実はこのやり方では、保育園通いの効果を正しく測ることができません。

なぜかというと、保育園に通う前の段階で、両者は、発達状態や家庭環境がさまざまに異なっている可能性があるためです。したがって、保育園に通っている子どものほうが、通っていない子どもより発達が進んでいたとしても、それが、もともとあった家庭環境の違いを反映したものなのか、保育園通いの効果なのか、区別がつかないのです。

実際、**保育園を利用している家庭のお母さんの学歴は、保育園を利用していない家庭と比べると高め**です。逆に、**お父さんの学歴を見ると、保育園を利用していない家庭のほうが高い傾向があります**。このように、保育園利用の有無に応じて家庭環境が異なる可能性が高い

図表５-３　保育園通いが言語発達を促し、多動性・攻撃性を減少させる

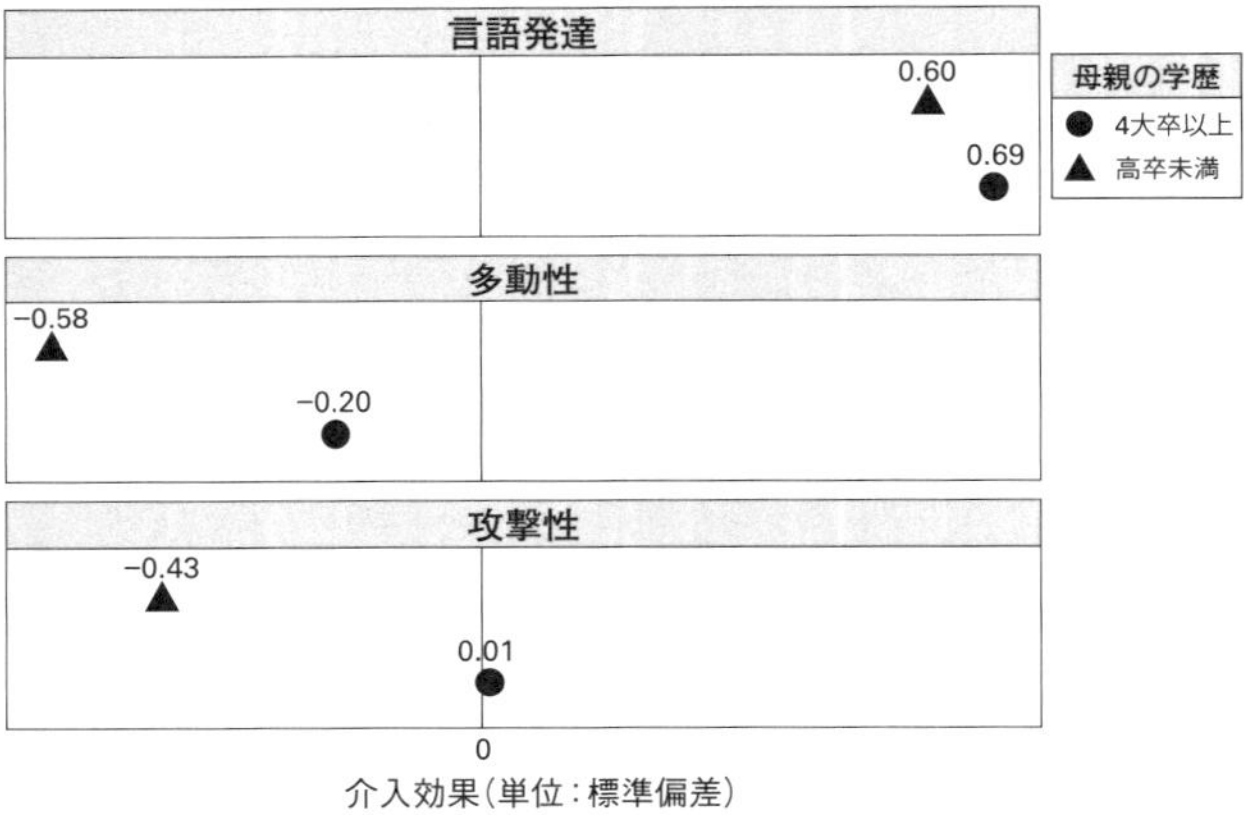

出所）Yamaguchi et al（2018）より筆者作成

ため、単純に保育園の利用の有無だけに基づいて子どもを比べても、保育園通いの効果はわかりません。

私たちは、保育園を利用する家庭と、利用していない家庭のさまざまな違いを統計学的に補正した上で、両者を比較することで、保育園利用の効果を測定しています。

では、保育園通いが子どもの発達に及ぼす影響を見てみましょう。

上の**図表５-３**では、保育園通いの効果を、母親の学歴別に表示しています。**言語発達については、母親の学歴によらず、保育園通いによって０・６から０・７程度改善しています。これは偏差値換算で６から７ですから、大きな伸びです。**

真ん中のグラフは多動性指標に対する効果を示しています。お母さんの学歴によらず、多動性が減少していますが、特に効果があったのは、お母さんが高校を卒業していない場合です。

一番下のグラフは攻撃性指標に対する効果です。お母さんが４大卒以上であれば、ほとんど効果はありませんが、**お母さんが高校を卒業していないと、子どもの攻撃性がマイナス0・43と大きく減少**しています。

保育園通いは、特定の家庭環境の子どもの多動性・攻撃性といった行動面を大きく改善させることが明らかになったのです。

保育園通いは親も育てる

続いて、保育園通いがお母さんに及ぼす影響についても見てみましょう。次ページの**図表5‐4**は、お母さんのしつけの質、ストレス、そして幸福度に対する保育園通いの影響を示しています。

一番上のグラフによると、４大卒のお母さんのしつけの質に対する影響はほぼありません。

一方、**高校を卒業していないお母さんを見ると、効果量は0・58と、大幅にしつけの質が改**

図表5-4　保育園通いはお母さんにも有益

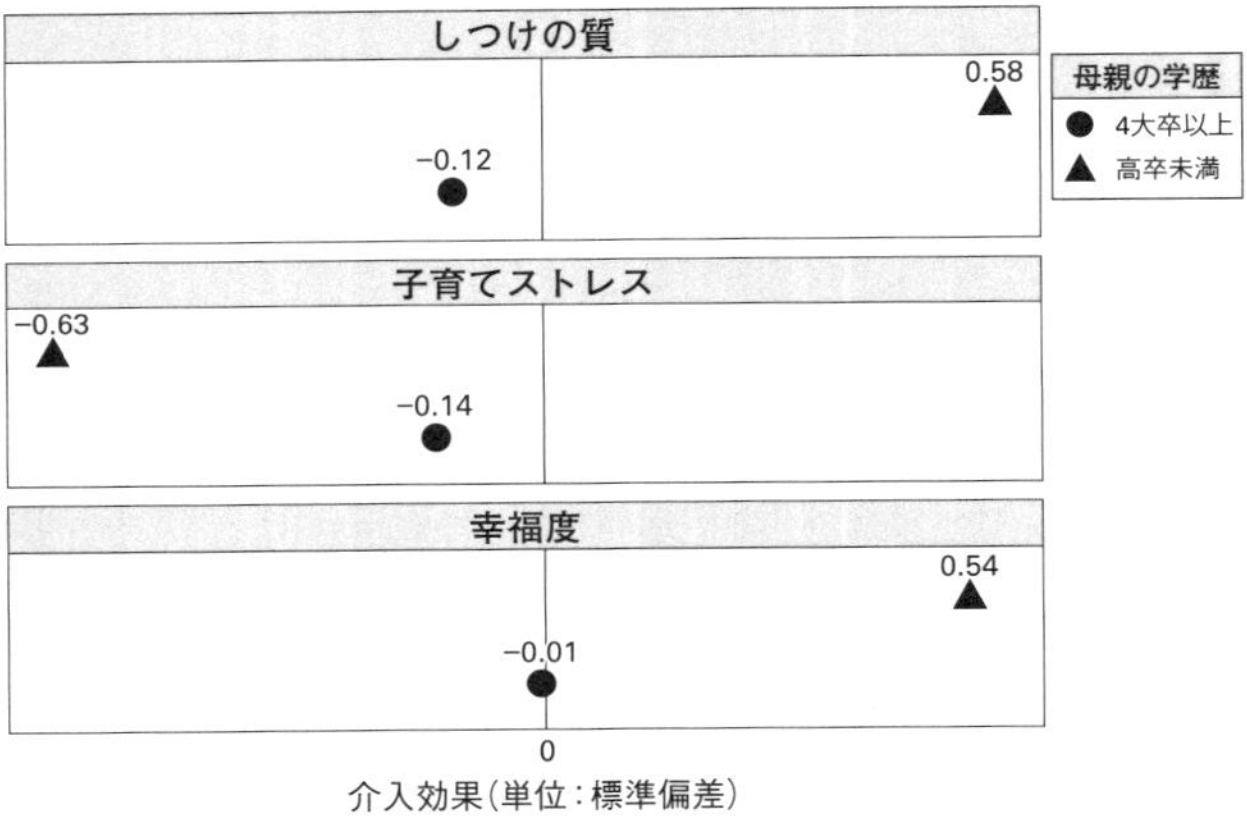

出所) Yamaguchi et al (2018) より筆者作成

善されていることがわかります。

真ん中のグラフは、子育てストレスに対する影響です。ここでも4大卒のお母さんに対する影響はほとんどありません。**一方、高校を卒業していないお母さんの子育てストレスを0・63も減らしています。**

そして一番下のグラフが示しているのは、幸福度に対する影響です。4大卒のお母さんに対する影響はないものの、**高校を卒業していないお母さんの幸福度を0・54とやはり大幅に改善**しています。

働きやすさを除くと、お母さんに対する影響というのは、政策議論ではもちろん、学術研究においてもあまり注意が払われてきませんでしたが、私たちの分析では、お母さんに対しても非常に好ましい影響があることがわかりました。

虐待の抑止力にもなる

なぜ、特定の家庭環境の子どもの多動性・攻撃性が減少し、行動面で大きな改善が見られるのでしょうか。

まず考えられるのは、保育園で行っている教育の質が高いということです。保育士さんは訓練を受け、経験も積んだ専門家です。すでに見たとおり、高校を卒業していないお母さんの家庭では、しつけの質が低くなってしまう傾向があるため、保育園で過ごすことで子どもにとっての環境が大幅に改善されます。これが最終的には、子どもの行動面の改善につながったのでしょう。

もう一つ考えられるのは、お母さんのしつけの質の改善を通じた間接的な影響です。イクメンが増えたといっても、やはり子育てはお母さんの仕事とみなされがちです。子どもが保育園に通っていない場合、お母さんが四六時中子どもの世話をすることになりますが、いくら子ども好きでも24時間一緒にいると大きなストレスになりえます。もちろん、保育園を利用するということは、お母さんは外で働かなければならないのですが、それを考慮に入れても、子育てストレスが下がる可能性があります。

また、外で働くということは、当然、家庭としては収入が増えるということです。お金だけで家族が幸せになれるわけではありませんが、お金があることで避けられる面倒や悩みは少なくありません。そのため、保育園を利用することで、お母さんの金銭的な悩みとそこから生じるストレスが軽減されると考えられます。

こうした変化が、お母さんのストレス減少、幸福度アップとしてデータに表れているのではないでしょうか。

お母さんの精神面が安定すると、母子関係が良好になるので、子どもを叩いてしつけるといった好ましくない行動が避けられるようになります。子どもを叩いてはいけないと頭ではわかっていても、イライラしていると自分自身をうまくコントロールできなくなってしまうのは誰にでもあることです。

また、子どもが保育園に通うことで、保育士さんのような家族以外の人の目に触れるようになります。子どもの体を見たり、話をしたりすることで、保育士さんは子どもが叩かれていることを知りえます。子どもが叩かれていることがわかれば、保育士さんは親に適切な指導をしたり、児童相談所と連携したりすることもでき、体罰や虐待の抑止力になるということも考えられます。

保育園は、「家族の幸せ」に貢献している

お母さんのしつけの質の向上がデータに表れているのは、こうした経緯によるのではないでしょうか。

お母さんのしつけの質が良くなれば、子どもの精神状態が安定しますし、問題を暴力によって解決しようということもなくなります。その結果、子どもの多動性・攻撃性が減って、行動面が改善されたのではないかというのが、私の考えです。

ここで説明した、子どもの行動面が改善される仕組みは、データ分析の結果と整合的ですが、まだまだ明らかになっていない部分も多く、さらなる研究が必要です。

この研究一つをもって、日本の保育制度の評価を下せるわけではありませんが、**保育園は、「家族の幸せ」に貢献しているか**もしれないというのは、希望のある結果ではないでしょうか。

4 無償化よりも待機児童解消を急ぐべき理由

まずは保育所と保育士を増やすことから

2019年の10月より、幼児教育・保育の無償化が実施されます。子育て支援に、より予算を割くという点では、望ましい方向に政策が動いているとは言えますが、それが最も賢明なお金の使い方かといえば、必ずしもそうではないでしょう。

やはり優先すべきは、待機児童解消です。ある家庭は低額で質の高い認可保育所を使える一方、別の家庭にはほとんど支援がないため、大きな不公平感を生み出しています。現在進められている幼児教育の無償化は、保育所を増やすための十分な政策をともなっていませんから、認可保育所を使える家庭と使えない家庭の間での不公平感を一層高めるに過ぎません。

待機児童解消を伴わない幼児教育の無償化を進めるよりは、**所得の高い家庭にはより高い料金を課すなどしつつ、認可保育所の供給を増やすためにお金を使うべき**でしょう。また、一部の自治体で進められているように、認可保育所以外の形態の保育サービスの充実も一定のニーズがあるはずです。

待機児童の解消や、幼児教育の充実には大変なお金がかかります。しかし、その成果は犯罪の減少に見られるように、社会全体で薄く広く受け取られるため、その費用を税金で負担することは妥当です。海外と日本での研究は、こうした考え方にはデータ上の根拠があることを示しています。

保育サービスの供給を増やす政策を進める上で気をつけなければならないのは、どのように高い質を保つのかということです。量を増やすことだけを目的として、保育の質を下げてしまうと、子どもの発達に悪影響が及びますし、事故などの深刻な事態にもつながりかねません。これまでの世界中の研究が、保育の質の重要性を明らかにしています。保育サービスの質が家庭の保育環境よりも悪ければ、イタリアのボローニャの例で見たとおり、子どもの発達にはマイナスです。ですから、保育サービスの供給量を増やすためには、規制緩和が必要であるという主張には一理ありますが、それによって保育の質が下がらないかという検討は必要です。

どうしても働きたいという強い希望を持つお母さんも少なくありませんが、子どもの発達を犠牲にしてもいいと考えているわけではないはずです。質を保ちながら、量を増やすことは簡単ではありませんが、これまでの幼児教育の研究結果に基づきつつ、規制のどの部分を緩められるのか、どの部分は緩めるべきではないのかといった検討が必要です。

daycare 0-2 for children in advantaged families. J Polit Econ. 2019.

＊12 Yamaguchi S, Asai Y, Kambayashi R. How does early childcare enrollment affect children, parents, and their interactions? Labour Econ. 2018;55:56-71. doi:10.1016/j.labeco.2018.08.006.

＊13 Brooks-Gunn J, Lewis M. The development of early visual self-recognition. Dev Rev. 1984;4(3):215-239. doi:10.1016/S0273-2297(84)80006-4.

＊14 Knobloch H, Stevens F, Malone A, Ellison P, Risemberg H. The Validity of Parental Reporting of Infant Development. Pediatrics. 1979;63(6):872-878.

＊15 齊藤万比古編．注意欠如・多動症— ADHD —の診断・治療ガイドライン　第４版（じほう，2016）．

＊16 Taylor CA, Manganello JA, Lee SJ, Rice JC. Mothers' spanking of 3-year-old children and subsequent risk of children's aggressive behavior. Pediatrics. 2010;125(5):e1057-e1065. doi:10.1542/peds.2009-2678.

＊17 Okuzono S, Fujiwara T, Kato T, Kawachi I. Spanking and subsequent behavioral problems in toddlers: A propensity score-matched, prospective study in Japan. Child Abus Negl. 2017;69(September 2016):62-71. doi:10.1016/j.chiabu.2017.04.002.

第5章　注

＊1　Elango S, Heckman JJ, Garc JL. Early Childhood Education. In: Moffit RA, ed. Economics of Means-Tested Transfer Programs in the United States. Vol.2. The University of Chicago. 2016;235-297.

＊2　Heckman J, Pinto R, Savelyev P. Understanding the Mechanisms Through Which an Influential Early Childhood Program Boosted Adult Outcomes. Am Econ Rev. 2013;103(6):2052-2086. doi:10.1257/aer.103.6.2052.

＊3　Heckman JJ, Moon SH, Pinto R, Savelyev PA, Yavitz A. The rate of return to the HighScope Perry Preschool Program. J Public Econ. 2010;94(1-2):114-128. doi:10.1016/j.jpubeco.2009.11.001.

＊4　Berlinski S, Galiani S, Gertler P. The effect of pre-primary education on primary school performance. J Public Econ. 2009;93(1-2):219-234. doi:10.1016/j.jpubeco.2008.09.002.

＊5　Drange N, Havnes T. Early child care and cognitive development: Evidence from an assignment lottery. J Labor Econ. August 2018:700193. doi:10.1086/700193.

＊6　Felfe C, Nollenberger N, Rodríguez-Planas N. Can't buy mommy's love? Universal childcare and children's long-term cognitive development. J Popul Econ. 2015;28(2):393-422. doi:10.1007/s00148-014-0532-x.

＊7　Schoenberg U, Cornelissen T, Dustmann C, Raute A, Schonberg U, Schönberg U. Who Benefits from Universal Child Care? Estimating Marginal Returns to Early Child Care Attendance.; 2018. doi:10.1086/699979.

＊8　Cascio EU, Whitmore Schanzenbach D. The Impacts of Expanding Access to High-Quality Preschool Education. 2013 Brookings Panel Econ Act. 2013:1-54. doi:10.1353/eca.2013.0012.

＊9　Datta Gupta N, Simonsen M. Non-cognitive child outcomes and universal high quality child care. J Public Econ. 2010;94(1-2):30-43. doi:10.1016/j.jpubeco.2009.10.001.

＊10　Felfe C, Lalive R. Does early child care affect children's development? J Public Econ. 2018;159(September 2015):33-53. doi:10.1016/j.jpubeco.2018.01.014.

＊11　Fort M, Ichino A, Zanella G. Cognitive and non-cognitive costs of

第6章
離婚の経済学

この最終章では、「離婚の経済学」と題して、離婚にまつわる法制度が、どのように家族の、そして一人ひとりの幸せに関わってくるのかを考えましょう。

「家族の幸せ」を考えるという本書の趣旨からすると、離婚を取り扱うこと自体に違和感を持つ読者の方もいらっしゃるかもしれません。しかし、もし結婚生活がどうしようもないほどうまくいっていないにもかかわらず、法律によって無理やり「夫婦」として縛りつけられるのは、当事者である夫婦はもちろん、その子どもたちにとっても不幸ではないでしょうか。そう考えると、「離婚」が家族の幸せのための妥当な選択になりえる場合があるのです。

一方で、自分たちの夫婦関係は悪くないから、離婚などとは無縁だと考えられる読者の方もいることでしょう。実は、**そうした夫婦についても、離婚をめぐる法制度は影響を及ぼしている**ことが、これまでの経済学の研究で明らかになっています。離婚のルールが変われば、夫婦関係も陰に陽に影響を受け、子育てのしかたを含め、夫婦の行動が変わってくるのです。

そして、いま現在、独身であったとしても、離婚をめぐる法制度はあなたの人生に関わってきます。離婚のルールが変われば、そもそも結婚するのか、しないのかという判断も影響を受けますし、その後の結婚生活も、そのルールに影響を受けたものになるためです。

以下では、まず離婚に関する経済学的な考え方と基本的な統計を確認した上で、二つの大きなテーマについてお話しします。

一つめのテーマは、**離婚が簡単になると家族はどう変わるのだろうか**という問いです。驚かれるかもしれませんが、カトリックの影響の強い国々では、そもそも離婚は禁じられていました。離婚がもともと合法であった国々でも、かつては離婚へのハードルが高く、離婚を訴える側が、相手に非があることを示さねばなりませんでした。不倫・浮気をしていただとか、暴力を振るうだとか、度を超したギャンブルをするなどといったことです。しかし、こうした国々でも離婚を合法化したり、離婚に関する法的要件を緩めるといった動きが進められてきました。

日本と諸外国を比べた場合、どちらのほうが離婚がより簡単なのか、一概に言うことは難しいのですが、こうした法制度の違いは、家族の幸せにどのような影響を与えるのでしょうか。

二つめのテーマは**共同親権**です。日本では、子どもを持つ夫婦が離婚した場合、お父さんかお母さんのどちらか一方だけが親権を持つのですが、多くの国々では、離婚後も共同で親権を持つことを認めています。日本では、離婚後に親権を持つのはお母さんだけであることがほとんどですが、近年、親権を持てなかったお父さんだけでなく、弁護士、裁判官、法学者といった専門家たちからも共同親権を求める動きがあります。

離婚後の共同親権を導入することで、家族の、とりわけ子どもたちの幸せはどのように変わるのでしょうか。さまざまな学問分野、専門家の立場から議論がなされていますが、本章では、近年の経済学の研究を紹介します。

1　「3組に1組が離婚している」は本当か？

結婚しているメリットがなくなったら

それではまずはじめに、夫婦はなぜ離婚するのか、経済学的な考え方を確認しておきましょう。第1章で結婚のさまざまなメリットを紹介しましたが、こうしたメリットが得られなくなったと感じ、夫婦のうち独身でいるほうが幸せになれると感じた側が離婚を希望する、というのが基本的な考え方です。実際に離婚できるかどうかは制度によって異なり、夫婦双方の同意が必要な場合もあれば、どちらか一方のみの希望で離婚できることもあります。

「結婚のメリットが得られなくなる」とはどういうことでしょうか。結婚時点ではわからなかった問題が明らかになった、あるいは結婚時点とは状況が変わったことなどが考えられます。たとえば、性格の不一致があとになってわかった、結婚時点ではいい仕事についていたのに失業して経済状況が激変した、子どもを持つことを期待していたが残念ながら叶わなかったことなどが挙げられるでしょう。

仮に、妻が離婚を希望し、夫は結婚を続けることを望んでいるとして、この夫婦はどのような行動を取るでしょうか。一つの選択肢は、妻から別居を始めるなどして実質的な離婚に至るというものです。もう一つの選択肢は、妻に結婚生活を続けてもらうよう夫が結婚生活においてより譲歩し、妻をいたわるようにするというものです。この場合、結婚生活における夫婦間の力関係が変化し、妻に有利な方向に動きます。したがって、**離婚についてのルールの変化は、たとえ離婚に至らない場合でも、夫婦間に影響を及ぼす**のです。

「離婚率」の正しい見方

離婚は増えてきているという話をよく耳にします。「3組に1組の夫婦が離婚している」などとも言われますが、実際のところはどうなのでしょうか。

厚生労働省が行っている人口動態調査では、標準化有配偶離婚率という統計を発表しています。

有配偶離婚率とは、有配偶人口、つまり結婚している人1000人あたりの離婚件数です。結婚している人の年齢構成は時代とともに大きく変わります。かつてと比べると、現代では結婚する年齢が上がってきていますが、こうした時代による年齢構成の違いを統計学的に調

図表6-1　上昇する離婚率（結婚している人1000人あたりの離婚件数）

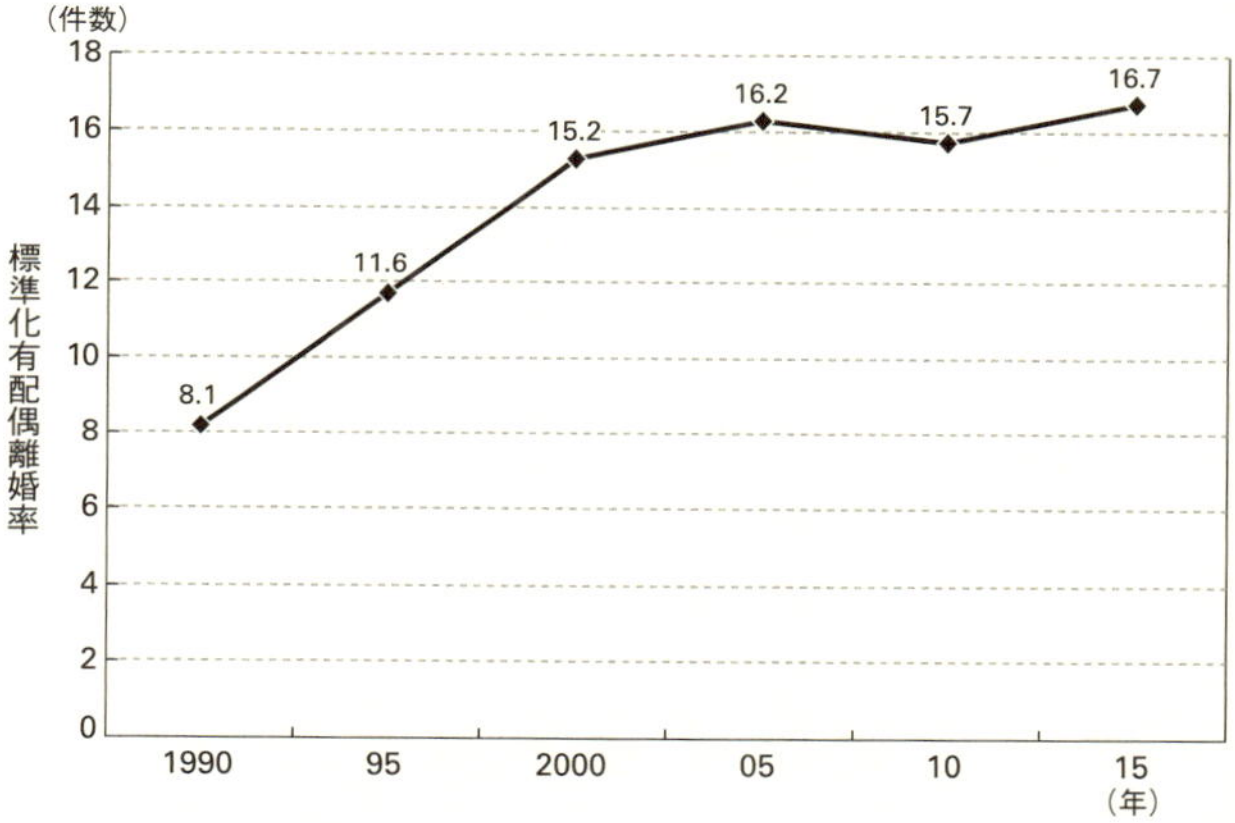

出所）厚生労働省　人口動態統計

整し、結婚している人の年齢構成が時代を通じてあたかも変わらないかのようにして算出したものが、標準化有配偶離婚率です。

この統計（**図表6-1**）によると、1990年には結婚している人1000人あたり、8・1件の離婚があったようです。そこから離婚率は着実に伸び、2000年には15・2件と倍近くに達しています。2000年代に入っても、基本的には離婚率は上がる傾向ですが、そのペースは落ち着いていて、2015年時点で16・7件となっています。

冒頭で紹介した「結婚した3組に1組は離婚する」という話の根拠となっているのは、「離婚件数÷結婚件数」がおよそ3分の1であることです。厚生労働省が発表している人口動態統計によると、２０１７年の離婚件数が21万２２６２件、結婚件数が60万６８６６件ですから、たしかに数字は合っています。しかし、この数字は本当に「結婚した３組に１組は離婚する」ことを意味しているのでしょうか。

ある年に結婚した夫婦のうち、どのくらいが離婚で終わりを迎えるのかを知るためには、夫婦のどちらかが死ぬか、離婚するまで待たないといけないので、正確に知ろうとすると何十年もかかります。そこで、簡単な方法として、今年行われた離婚件数を結婚件数で割るという方法が採られることがあるのです。

しかし、この計算方法には大きな問題があります。**分母にある夫婦の結婚は今年行われたものですが、分子にある（今年離婚した）夫婦の結婚は過去に行われたもの**だからです。

結婚件数が時代を通じて安定しているならば、この方法でもいいのですが、実際には、年々、結婚件数は減っています。この簡便法による計算では、**真の離婚率が全く変化していなくても、結婚件数が減るのにともなって、離婚率が上昇してしまう**のです。ですから、「結婚した３組に１組は離婚する」という話は、実態よりも大きな数字になっていると考えられます。

インターネットや雑誌、テレビなどで離婚率が紹介されている場合、それがどのように計算されたものなのか注意してみてください。定義や計算方法をはっきり示していないものがかなり多いのですが、いま紹介した「離婚件数÷結婚件数」を離婚率としているものはもちろん、「離婚した人のうち、20代の割合」を20代の離婚率として紹介しているものなどを目にしました。

こうした数字は、本来知りたいはずの離婚率とは大きくかけ離れていますが、数字が大きく出るので取り上げられがちです。特にインターネットでは、世間の注目を集めるために人を驚かせるような書き方をしているものが多いのですが、そうした「釣りタイトル」に引っかかってはいけません。

離婚が多いのはどこの国?

外国では、日本よりも離婚が多いというイメージがありますが本当でしょうか。その点についてもデータを確認してみましょう。

次ページの**図表６-２**は、２０１６年における、人口１０００人あたりの離婚件数を国際比較したものです。できれば前掲（２２５ページ）の**図表６-１**同様に、有配偶人口と年齢構成を調整した離婚率を見たいのですが、国際比較可能な形では整っていないため、人口１

０００人あたりの離婚件数という、少々粗い数字を使っています。
それでも、大まかな傾向や、世界における日本の位置についておおよそのことは言えるでしょう。この統計によると、日本の人口１０００人あたりの離婚件数は１・７件で、これはＯＥＣＤ平均の１・９件よりやや少ない数字です。

最も高いのはロシアの４・７件で、ついでアメリカの３・２件となっています。北欧諸国では高めの数字が出ている一方で、東欧諸国では日本よりも低い数字です。また、アイルランド、チリといった国々では非常に低い離婚率ですが、これはカトリックの影響が強いためで、そもそも長い間、離婚を法的に認めてこなかったという経緯があります。

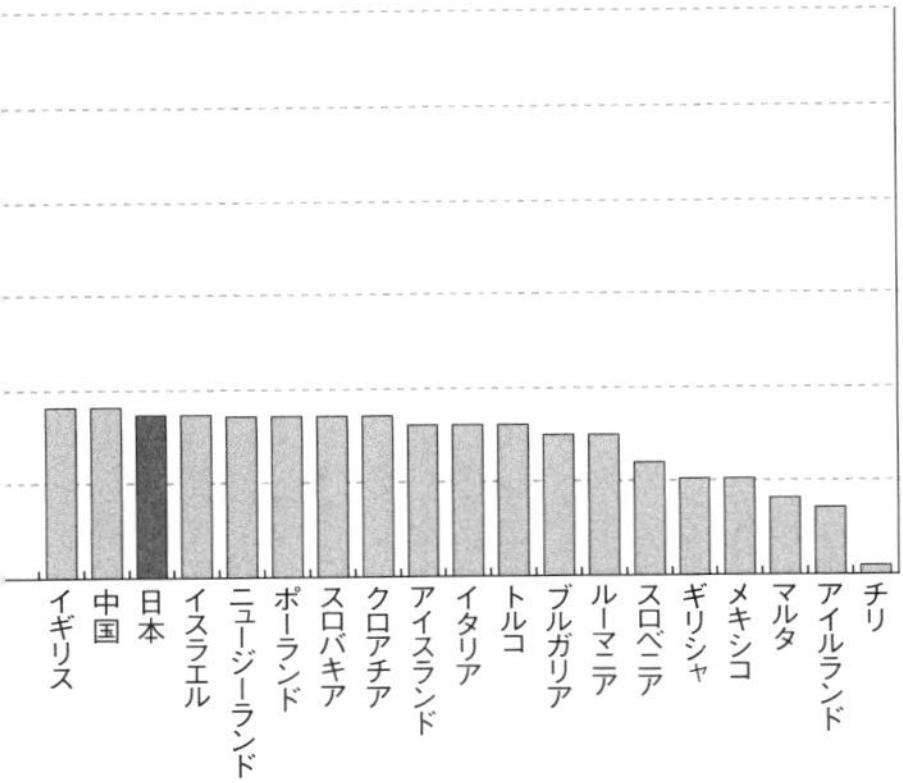

図表６-２　離婚件数の国際比較

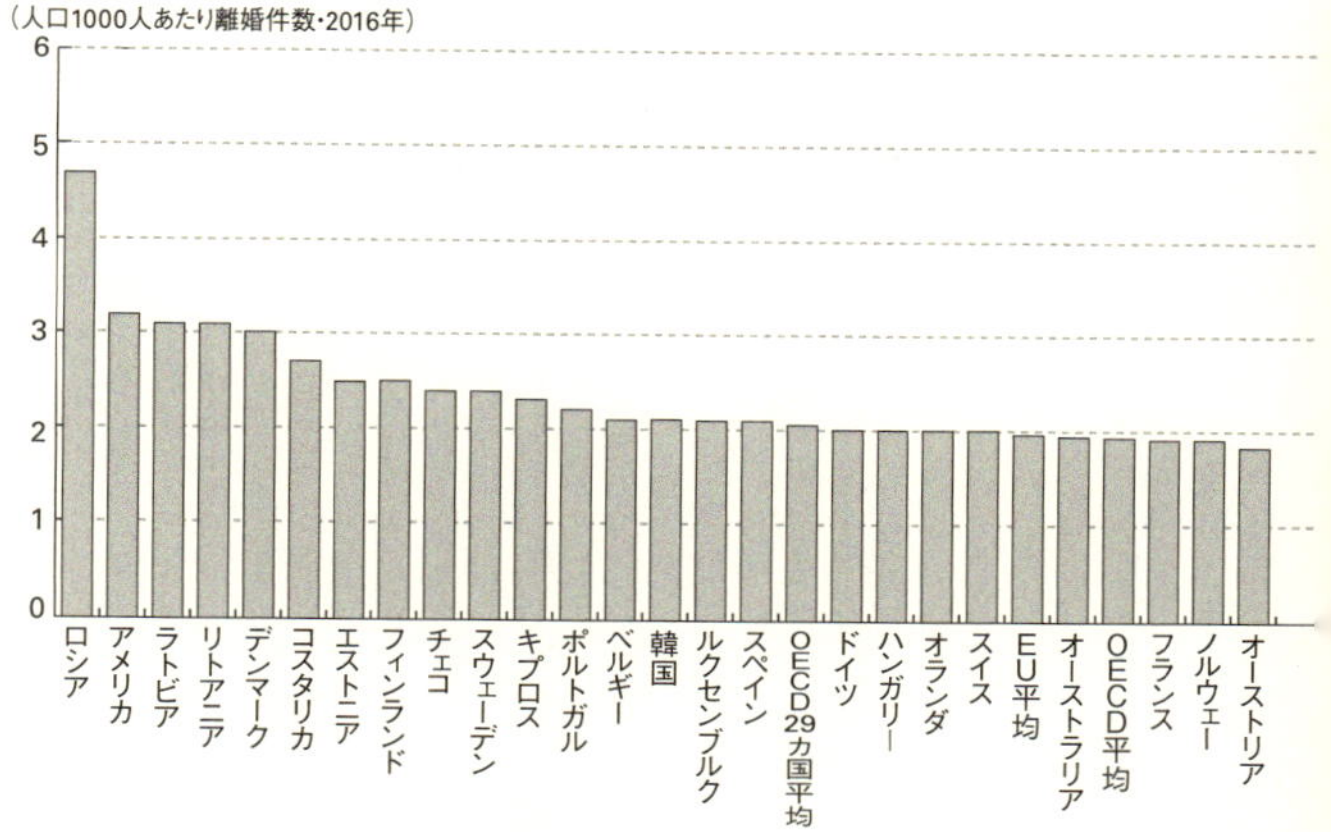

出所）OECD Family Database をもとに筆者作成

２　離婚しやすくなることは、不幸だとは限らない

離婚の法的要件

離婚を簡単にすることで、家族の幸せにはどんな影響があるのでしょうか。

ヨーロッパでは１９７０年代以降、離婚についての法的要件をどんどん緩めていきました。ヨーロッパはカトリック教会の影響が強い国々が多く、長い間離婚が禁止されていました。イタリア、スペイン、ポルトガルで離婚が合法化されたのは、１９７０～１９８１年にかけてのことですし、アイルランドにいたっては1996年と、そう遠くない過去です。

離婚がもともと合法であった国々でも、離婚へのハードルは高いものでした。本章の冒頭で少し触れましたが、1970年代の離婚法改革以前は、離婚を訴える側が、相手に非があること（不倫や浮気、暴力、度を超したギャンブル依存など）を示さねばなりませんでした。

しかし1970年代の離婚法改革で、相手の非を示す必要はなくなりました。改革後は、一定の別居期間があるなど、結婚生活が実質的に破綻（はたん）していて修復の見込みがないことを示せば、離婚は認められるようになりました。

同様の動きはアメリカでも見られました。全米各州で1970年代から80年代にかけて、離婚法の改革が行われ、それまでは夫婦双方の同意が必要だった29州において、同意がなくとも、結婚生活の実質的な破綻を示すことで離婚が認められるようになったのです。

日本の離婚要件は、カトリック教会の影響を強く受けている国々と比べると、手続き上、簡単な側面はあります。特に、両者の合意がある協議離婚は届出だけでできるため、裁判所を介した手続きが必要な諸外国と比べると、この点では簡単です。

しかし、**夫婦間で合意のない離婚は、簡単ではありません。**長年、日本の裁判所は、相手に非があることを離婚の要件とする「有責主義」の立場をとってきました。しかし、次第に結婚生活が実質的に破綻しているかどうかを重視する「破綻主義」の立場に変わりつつあるようです。より正確に言うと、実際の裁判では、結婚生活の破綻についての有責者には離婚を請求させない「消極的破綻主義」の立場がとられることが多いようです。

離婚についての法制度は複雑ですから、ここでは単純化した形で説明しています。日本と外国で、どちらが離婚についての法的なハードルが高いのか低いのか、一概に決めることはできません。ただ、日本においても「積極的破綻主義」の立場をとることで、現状より離婚のハードルを下げることは可能です。やはり離婚しやすくなることによって、家族や社会にどんな影響があるのか、あらかじめ検討しておくことは有益でしょう。

データ分析に見る離婚法改革の影響

欧米で1970年代に始まった離婚の法的要件の緩和が、家族や個人にどのような影響を及ぼしてきたのか、経済学の視点からもさまざまな研究がなされてきました。

離婚が簡単になったならば、まっさきに影響を受けそうなのは離婚率です。すでに結婚生活が破綻していて、これまでは離婚できなかったカップルが離婚できるようになるのですから、離婚法改革の結果、離婚率は上昇しそうです。

１９７０年代から80年代にかけて、アメリカの29の州が徐々に離婚法改革を行いましたが、離婚率はどのように変化したのでしょうか。離婚法改革の効果を見るためには、改革を行った州と行わなかった州で離婚率がどのように変化していったのかを比較します。

データを分析した結果、やはり離婚法改革によって離婚率が大きく上昇したことがわかりました。[*1] 当時の１０００人あたり離婚件数は３・９件でしたが、改革直後には４・２件ほどまで上昇しました。離婚法改革前に、すでに結婚生活が破綻していた夫婦は、改革を待って離婚したため、改革直後に離婚率が上がったと考えられています。離婚法改革の影響は、その後、少しずつ弱まっていきますが、少なくとも改革後10年については離婚率を上昇させたようです。

同様の研究は、ヨーロッパでもなされました。[*2] ヨーロッパ18カ国について、１９５０年から２００３年までのデータを集め、１９７０年代に進められた離婚の合法化・法的要件の緩和が、離婚率にどのような影響を及ぼしたのかを評価したのです。

この研究によると、ヨーロッパの離婚法改革は、人口１０００人あたり離婚率を０・６件上昇させました。２００２年の離婚率が１０００人あたり２件だったことを踏まえると、離婚率が3割増しになったということですから、離婚法改革は、ヨーロッパの社会に大きな影響を及ぼしたと言えます。

離婚法改革だけが離婚を増やしたわけではない

離婚法改革が行われた70年代には、アメリカでもヨーロッパでも、離婚率が大幅に上昇しました。とはいえ、離婚法改革だけが、こうした離婚率上昇の原因というわけではないようです。

アメリカの人口1000人あたりの離婚率は、1970年に3・5件ほどだったものが、1980年には5件近くにまで跳ね上がっています。一方、推定された離婚法改革の影響は0・3件にとどまりますから、全体の上昇の2割程度しか説明できません。ヨーロッパについても同様で、離婚法改革の影響は、1970年代に上昇した離婚件数の半分以下しか説明できません。

この時代にアメリカとヨーロッパで離婚率が上がった主な理由としては、人々の価値観の変化や、それに伴う女性の労働市場進出などが考えられています。

妻から夫へのDVも同数報告

離婚手続きにおける破綻主義の導入で、**最も救われたのは配偶者からの暴力（DV：domestic violence）に苦しむ人々**だったのかもしれません。意外に思われるかもしれませんが、暴力を振るうのは夫、つまり男性だけとは限りません。これから紹介するアメリカの研究では、**妻からの夫に対する暴力も、ほぼ同数報告されています**。

離婚へのハードルが極めて高い場合、配偶者の暴力から逃れる方法がありません。しかし、離婚が現実的に選びやすい手段になれば、離婚して逃げるという方法を選ぶことができます。離婚という法的手段を取らなくても、逃げ出して別居すればいいと考える人もいるかもしれませんが、正式に離婚することで、財産分与を受けることができますし、再婚して新しい人生をやり直すこともできるようになるのです。

重要なのは、**実際に離婚するかどうかはともかく、「いざとなれば離婚することができる」という選択肢があるということ**です。離婚という選択肢の存在自体が、夫婦間の力関係に大きな影響を及ぼします。暴力を振るうなどして配偶者を大事に扱わなければ、最悪、離婚されてしまうとなれば、そうした行為を控えるようになります。もちろん、すべての人がそうするわけではありませんが、少なくない人々にとっては、離婚の可能性がＤＶの歯止めになりえます。

離婚しやすくなるとDVが減る

こうした視点から、離婚法改革が夫婦間のＤＶを減らしたのか、アメリカのデータを用いて検証されました。[*3]

分析の方法は、これまでと同様で、離婚法改革を行った州における改革前後でのＤＶ件数の変化と、改革を行わなかった州における同時期のＤＶ件数の変化を比較します。前者が後者と比べてより大きな減少を示していれば、離婚法改革により、ＤＶが減ったと考えることができます。

１９７０年代から80年代なかばにかけてのアメリカのデータを分析した結果、離婚法改革が、ＤＶを大きく減らしていることがわかりました。ある年に夫が妻に暴力を振るった割合は３・４パーセントでしたが、これを１・１パーセントポイント減らしました。また、妻が夫に暴力を振るった割合は４・６パーセントでしたが、これも離婚法改革で２・９パーセントポイント減りました。

離婚しやすくなると女性の自殺が大幅に減る

この研究では、ＤＶから派生する、より深刻な結果についても分析しています。それは、**自殺と殺人**です。離婚できない状況では、ＤＶがエスカレートしていく中で、そこから逃れる方法が自殺しかないと追い詰められてしまう可能性があります。また、本当に死ぬ気はなくとも、相手の暴力を止めるための手段として自殺を試みることもあります。ＤＶがエスカレートした結果起こるのは自殺だけではありません。暴力を振るう側が行き過ぎてしまい、相手を殺してしまうこともありますし、暴力を振るわれた側が自分を守るために相手を殺してしまうこともあります。

離婚法改革は、自殺と殺人を減らすことができたのでしょうか。この研究で最も目を引く結果は、女性の自殺率の減少です。分析期間における女性の自殺率は、１００万人あたり54件ですが、離婚法改革後20年間で評価すると、**自殺を10パーセント以上も減らしていること**がわかりました。一方、男性の自殺率への影響は見られませんでした。

配偶者間の殺人件数は、女性が被害者になる件数が10パーセント低下した一方、男性が被害者になる件数はほとんど変わりませんでした。

離婚要件の緩和がＤＶを減らしたことは、スペインの研究でも確認されています。[*4] スペインでは２００５年に離婚法改革がなされました。この研究では、妻が夫に暴力を振るわれる頻度が、改革前後でどのように変化したのかを検証しています。

分析では、法的に結婚している夫婦と、法的に結婚していない事実婚の夫婦を比較することで、離婚法改革の効果を知ろうとしています。法的に結婚していない事実婚の夫婦は、離婚法改革の影響を直接には受けないと考えられますから、こうした事実婚の女性が暴力を振るわれる頻度の変化は、人々の意識の変化など、法制度以外のものを反映していると考えられます。

したがって、法的に結婚している夫婦における暴力の減り方が、事実婚の夫婦における暴力の減り方よりも大きければ、離婚法改革がＤＶを減らしたとみなすことができます。

このスペインの研究によると、離婚法改革の結果、**法的に結婚している夫婦における、夫からの暴力が30パーセントも減少した**そうです。一方で、小さい子どものいる妻や、学歴の低い妻については効果が小さかったようです。

小さい子どもがいるお母さんは、法制度が変わったとしても、なかなか離婚に踏み切れず、夫からの暴力から逃れることが難しいためです。また、妻の学歴が低い場合は、夫に経済的に依存しがちなため、法制度が変わっても離婚が難しいようです。その結果、離婚法改革だけでは、こうした女性を十分に救うことができていないようです。

こうした一連の研究結果は、離婚法改革が、配偶者間の暴力、殺人、あるいは自殺といった極めて不幸な結果を減らしたことを示しました。離婚を難しくする法制度が持つ負の側面を明らかにした重要な研究といえます。

3 離婚は子どもたちにどう影響するか

「離婚」のせいか、離婚による「貧困」のせいか

ここまでは、離婚の当事者であるお父さんとお母さんについての影響を見てきましたが、子どもに対する影響も気になるところです。

社会学、発達心理学、そして経済学といった分野では、離婚と子どもの発達について調べた研究が数多くあります。そうした研究が明らかにしたのは、**親の離婚を経験した子どもはさまざまな困難に直面している**という事実です。

親の離婚を経験した子どもは、そうでない子どもに比べて、学業成績が振るわず、問題行動を起こしやすい傾向があります。成長して大人になってからも、過度の飲酒やドラッグの乱用などを行いやすいことが指摘されています。

しかし、ここで注意してほしいのですが、これらの研究の多くは、**離婚がこうした問題を引き起こしたという因果関係を必ずしも明らかにしてきたわけではありません**。社会経済的に恵まれていない夫婦ほど離婚しやすい傾向があるため、**親の離婚を経験した子どもが抱える問題は、恵まれない家庭で育ったこと自体が原因である可能性があります**。

たしかに、親の離婚という大きな家庭環境の変化を経験することは、子どもの発達に対して好ましくない影響を及ぼすかもしれません。しかし、両親の仲が悪く、お互いを責め合うような家庭、DVが頻繁に起こるような家庭で育つことも、子どもにとって望ましいことであるとは思えません。

1970年代に進められた離婚法改革は、子どもの幸せにどのような影響を及ぼしたのでしょうか。この問いに答える研究は、主にアメリカで進められました。分析の手法は、離婚率への影響を検証したものと同様で、離婚法改革を行った州と行わなかった州で、改革前後の子どもたちの発達を比較しています。

分析によると、離婚法改革の結果、**子どもたちの大学進学率が低下し、大人になってからの所得にもマイナスの影響**が見られました。[*5] また、若いうちに結婚するようになる一方、**離婚を経験する人の割合も増えました**。そして、非常に残念なことに、**大人になってからの自殺率も上がっています**。

別のアメリカの研究では、離婚法改革の結果、**子どもたちが暴力犯罪に関与する確率が10パーセント近く上昇した**ことも明らかになりました。[*6]

これらの研究が示したのは、離婚法改革が、意図せざる結果として、子どもたちに悪影響を及ぼしてしまったということです。

離婚しにくくするのではなく、離婚後のフォローを

では、子どもたちの幸せという観点からは、離婚の手続きを難しくするべきなのでしょうか。その答えを得るためには、なぜ子どもたちに悪影響が及んでしまったのか、その理由を詳しく知る必要があります。

研究では、子どもたちがどのような家庭環境で育ったのかを調べることで、離婚法改革がどのように子どもたちに影響を与えたのか、その理由についても考察しています。これによ

ると、離婚法改革で離婚率が上昇した結果、シングルマザー、あるいはシングルファーザーによって育てられる割合が増えたようです。また、貧困ラインを下回る生活水準を経験した子どもたちの割合も増えました。

特にシングルマザーの家庭の多くでは、十分な所得を得ることができていませんし、時間的な制約のために、子どもに対して精神的なサポートを提供することも難しくなっています。

ここから浮かび上がってくるのは、**離婚そのものが子どもの発達に悪影響を及ぼすというよりも、離婚が生み出す貧困が、子どもの発達に悪影響を及ぼしている**という構図です。もちろん、両親の離婚というのは多くの子どもたちにとって、大きな精神的ショックかもしれません。しかし、先に述べたように両親の間でのいさかいやＤＶが絶えないような家庭で育つほうが、精神的にはより悪影響があるとも言えます。

したがって、**子どもの幸せという観点から考えても、離婚の手続きを難しくするよりは、離婚が生み出す貧困の悪影響を避けるような社会の仕組みが必要です**。そのためには、できるだけ直接子どもの助けになるような政策、具体的には、**子どものいる貧しい家庭に対する金銭的支援の充実や、学費・給食費の無償化、医療費に対する補助などが助けになる**でしょう。

4　共同親権から「家族の幸せ」を考える

「家ニ在ル父」

子どもを持つ親が、離婚を考えたときに気になる離婚後の親権についても考えてみます。

現在の日本の民法では、夫婦は離婚時に、お父さんとお母さんのどちらを親権者にするのか決めなければなりません。どちらかといっても実際のところ、離婚後に親権を持つのは圧倒的にお母さんです。

左の**図表6－3**は、厚生労働省が行っている人口動態統計から作成したグラフで、離婚後に夫婦のどちらが親権を持つのかを示しています。複数子どもがいる場合でも、ほとんどの場合、お父さん、あるいはお母さんのどちらかだけがすべての子どもの親権を持ちます。稀（まれ）にですが、ある子どもはお父さんが、別の子どもはお母さんが、といった形で、夫婦で親権を分け合う場合もあります。

１９５０年代は、子どもの親権を持つのはお父さんであることが多かったのですが、これ

図表6-3　現代では母親が親権を持つケースが多い

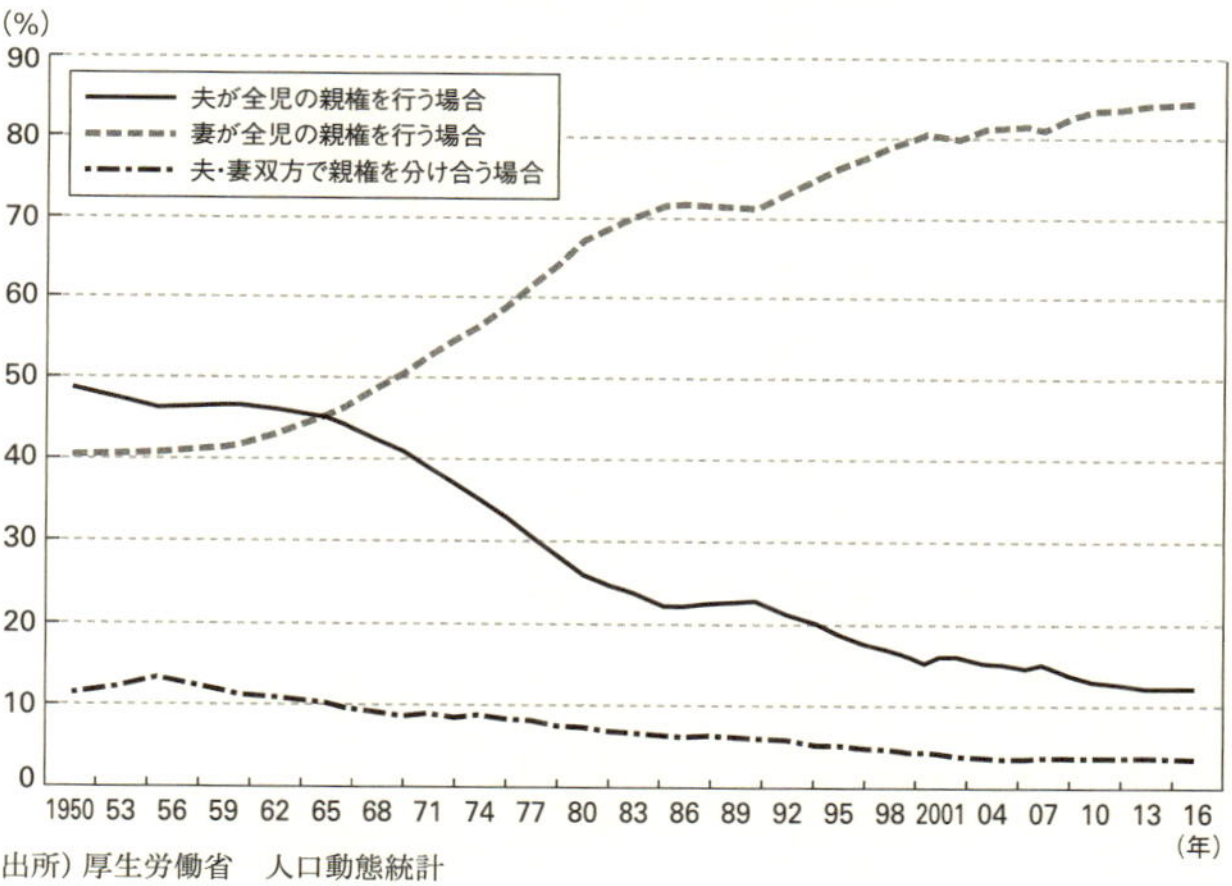

出所）厚生労働省　人口動態統計

は戦前の制度の名残です。戦前の民法においては、離婚後も「家ニ在ル父」が親権を行使するとされていて、家父長的性格が濃かったのですが、戦後しばらくはこの影響が残り、男性が親権を持つことが多かったのです。

しかし、1960年代なかばに逆転し、子どもの親権を持つのはお母さんであることが多数派になりました。その傾向は、現在に至るまで強まり続け、2016年時点では、約85パーセントのケースで、お母さんが子どもの親権を持っています。

当事者の合意により、お母さんが子どもの親権を持つことになるケースが多いのですが、その背景には、裁判所が重視する「母性優先の原則」という考え方があります。これは、子どもの発達には、母親の存在が不可欠であるとする立場です。近年はお父さんの育児参加が進んだこともあり、お父さんが親権を持つことを希望するケースも多いのですが、実際にそれが叶えられるケースはわずかしかありません。

離婚後に親権が無い場合でも、面会権を持つことは多いのですが、面会の頻度が不十分だったり、当初の合意が守られていなかったりすると感じるお父さんも少なくなく、現状を解消するために、共同親権を求めるお父さんが増えてきています。

こうした動きに対して、子どもがお父さんと交流を持つ権利を保障すべきという観点から、支持する声も少なくなく、超党派の共同養育支援議員連盟は２０１６年に、共同親権制度の導入検討などを盛り込んだ親子断絶防止法案をまとめました。また、２０１８年７月の記者会見で上川陽子法務大臣（当時）が、共同親権について「導入すべきだとの意見は承知している。単独親権制度の見直しも含め、広く検討したい」と言及しています。

では、日本に離婚後の共同親権が認められるようになったら、お父さんとお母さん、そして何より子どもたちにはどんな影響があるのでしょうか。離婚についてのルールの影響を受けるのは、実際に離婚した人たちとその家族に限りません。離婚法改革の影響に見られたとおり、離婚についてのルールが変われば、離婚しない人たちにも影響を及ぼすのです。

諸外国では共同親権を導入済み

欧米においても、離婚後の親権はお母さんが持つものだという考え方が、かつては一般的でした。ヨーロッパでは、1976年にスウェーデンで、1981年にはノルウェーで離婚後共同親権が導入されたのを皮切りに、ドイツ、オーストラリアといった国々に共同親権制度が広まっていきました。アメリカでも1973年にインディアナ州で初めて導入され、現在ではすべての州で何らかの形の離婚後共同親権が法制化されています。

離婚した両親が共同親権を持つということは、子育てについての義務と権利を共有することを意味します。共同親権を詳しく見ると、法的共同親権と身体的共同親権の二つに分けることができます。

前者の法的共同親権は、子どもの進学などの重要な場面において、共同で意思決定を行う権利を指しています。後者は監護権とも呼ばれ、子どもと過ごす時間をほぼ等しく分け合う権利です。たとえば、月曜日から水曜日はお父さんの家で、木曜日から金曜日はお母さんの家で、週末を過ごす家は交互に、といった形で子どもが双方の家を行き来します。単純に、共同親権、という場合にはこれらのいずれか、あるいは両方を含んでいます。

諸外国では、離婚後共同親権が法制化済みといっても、離婚したら自動的に共同親権となるわけではありません。裁判官が、「子どもの最善の利益」を考えた上で、誰が親権を持つべきか決定します。共同親権は、子どもが両方の親から、精神的にも経済的にもサポートを受けることができるようにする一方、子どもが両親のいさかいに巻き込まれてしまう危険性もはらみます。これらの可能性を総合的に判断して、共同親権が子どもにとってベストであると裁判所が判断した場合に、共同親権が選ばれるのです。

では、実際にはどのくらいのケースで共同親権が行われているのでしょうか。

１９９４年から２０１０年にかけてのアメリカの統計によると[*7]25パーセントほどが共同親権で、大多数の65パーセントでは母親による単独親権、そして、残りの10パーセントが父親による単独親権となっているそうです。

共同親権によって期待されること

共同親権を求めたのが誰であるかを思い出せば明らかなように、共同親権の導入は、お父さんにとって有利な変更です。現在は、お母さんによる単独親権が圧倒的多数ですが、共同親権を導入するということは、親権の一部をお母さんからお父さんに移すことを意味します。

お父さんに、親権がない場合に比べ、より多くの時間を子どもと過ごせるようになるわけですから、離婚後も、精神的にも経済的にも子どもを支えることが増えると期待されています。裏返すと、離婚後、お母さんが子どもと過ごす時間が減るわけですから、お母さんから子どもへのサポートが減るのではないかという懸念もないわけではありません。しかし、単独親権のもとでのお母さんの子育て負担が極めて大きく、共同親権の導入で、お母さんの負担が軽減されると期待することもできます。

また、離婚法改革の影響に見られたとおり、離婚が全く考えられないといった円満な夫婦を除けば、共同親権の導入といった形で離婚のルールを変えることは、結婚している夫婦の行動にも影響を及ぼします。

離婚後の夫の立場が有利になるということは、結婚中の夫婦においても、夫の立場が有利になることを意味します。これは先ほど、離婚法改革が妻にとって有利なものであったことが、結婚中の夫婦における妻の立場を改善したこととちょうど同じ理屈です。

結婚している夫婦において、夫の立場が有利になるということは、たとえば子どもの進学やら習い事やらといった場面で、夫の意見がより力を持つということです。ただ、これが子どもにとって望ましいかどうかは必ずしも明らかではありません。**母親の意見が強い家庭で**

は、子どもに対する支出が大きくなりやすい一方、父親の意見が強い家庭では、父親自身に対する支出が多く、子どもに対する支出が軽んじられる傾向が見られるためです。したがって、父親の立場が家庭内で強くなることは、子どもにとってプラスにならない可能性があります。

一方で、離婚後もお父さんが子どもと一緒に過ごせるようになると、結婚中の家庭においても、お父さんは子どもの教育に前向きになると考えられます。自分が離婚後に親権を持てない場合、離婚が視野に入ってきているお父さんは、どうせ会えなくなってしまう子どものために何かしようとは考えないかもしれませんが、離婚後共同親権があれば、子どもの教育に前向きになるかもしれません。

したがって、実際に離婚には至らない家庭において、離婚後共同親権の導入が子どもにどのような影響を及ぼすかについては、相反する二つのシナリオが成り立ちうるため、経済理論的にはっきりと言い切ることはできません。

共同親権導入で男性の自殺が減少

共同親権の導入がどのように家族に影響を及ぼすのか、家族の経済学の理論的な立場から議論を整理しましたが、実際のところ、何が起こったのでしょうか。

　離婚後共同親権についての研究は、かなり数が限られており、しかもそのほとんどがアメリカの事例を分析したものです。したがって、日本を含む他の国々にどれくらい当てはまるのかは明らかではないことに注意しつつ、アメリカの経験から何が学べるのか見ていきましょう。

　アメリカでは、１９７０年代からいくつかの州で離婚後共同親権が導入され、現在は、すべての州で制度化されていると先に述べました。早い時期に共同親権を導入した州と、導入が遅かった州を比べることで、共同親権の導入がどんな影響を及ぼしたのか知ることができます。

　共同親権導入の最大の目的は、離婚後の子どもにとっての幸福です。

　これを直接測るのはなかなか難しいのですが、ある研究[*8]では、離婚したお母さんが**子どもの養育費を受け取る確率が９パーセント上がった**ことを明らかにしました。お金だけで子どもの幸福が測れるわけではないとはいえ、やはりお金は大切ですから、共同親権の導入は、両親が離婚した子どもにとってプラスの側面を持ったといえそうです。

　両親が結婚している家庭の子どもへの影響はどうでしょうか。すでに述べたとおり、離婚後共同親権の導入は、お父さんにとって有利な変更ですから、結婚している家庭においてもお父さんの立場が強くなると考えられます。お父さんの立場が家庭内で強くなると、子どもへの支出が減る傾向にありますが、先に述べたように、離婚後も子どもに会えるならば、その支出を厭わなくなる可能性もあります。子どもへの影響はこの二つの可能性のうち、どちらの影響がより強いかで決まります。

アメリカの研究では、子どもへの支出の一つとして、私立学校への進学に注目しました。[*9] アメリカでは、公立よりも私立学校のほうが質の高い教育をしているという見方が一般的で、もちろん、私立学校の学費は高額です。

分析によると、離婚後共同親権を導入した州では、子どもの私立学校への進学率が12パーセント減少したそうです。共同親権導入時には全く予想されていなかったのですが、残念ながら、両親が結婚している家庭の子どもにとってはマイナスの影響があるのかもしれません。

お父さんの立場が強くなることの影響は、子どもだけでなく、もちろん、お母さんにも及びます。アメリカでは、お父さんの立場が家庭内で強くなると、お母さんも外で働くことで収入を得ることを求められるようになると考えられていますが、それを裏づけるように、お母さんの就業が増えています。

これらの結果を結びつけて考えると、離婚後共同親権の導入は、お父さんの立場を強め、結果的に子どもへの支出を減らし、お母さんの就業を増やす方向に影響したようです。

繰り返してきたとおり、離婚後共同親権の導入は、離婚後のお父さんの幸福にとって好ましいものだと考えられています。この点をデータで確認する一つの方法として、ちょっと極端ではありますが、男性の自殺率を見ることができます。分析によると、[*10]**離婚後共同親権を導入した州では、男性の自殺率が9パーセントも減少した**ようです。一方、女性の自殺率についてははっきりした変化は見られませんでした。

また、**結婚している夫婦における、夫から妻への暴力は2・7パーセント減少**しました。全体では12パーセントの妻が、軽いものも含めて夫から暴力を受けたと答えているので、5分の1の減少にあたります。こうした夫からの暴力の減少は、離婚後の夫の立場を有利にすることで、夫の葛藤を減らしたことの影響だと考えられます。

必要なのは、子どもへの直接支援

こうしたアメリカの経験から、私たちは何を学べるでしょうか。

共同親権を認める上で最も重要な点は、それが「子どもの最善の利益」にかなっているかということですが、その点について結論を下すには、実証分析の蓄積はまだまだ不足しています。国が異なれば、同じ制度を導入しても、同じことが起こるとは限りませんし、アメリカ一国だけ見ても、親権について記録しているデータが少ないため、実証分析の厚みが足りていない社会問題です。

この章でご紹介した研究では、養育費の支払いや私立学校への進学に注目していますが、これらだけで子どもの幸福について断定的に論ずるのは無理があります。経済的なサポートを見るならば、どのように子どもにお金が使われたのか詳しく知る必要がありますし、精神的なサポートについては何もわかっていません。

結婚している夫婦の子どもに対する影響はマイナスかもしれないことが示されましたが、その理由も明確にされたとはいえません。ただ、離婚法改革の影響について見たとおり、マイナスがあったとしても、他の政策と組み合わせることで補うことができる可能性があります。特に、公立学校を始めとして、子どもに対する直接支援を充実させることが解決策につながるのではないでしょうか。

この章でご紹介した経済学の研究だけから、日本に共同親権を導入すべきか否かについて結論を下すことには現段階では無理がありますが、これらの研究は、私たちがこの問題を適切に考える上での手がかりを与えてくれています。

家族関係がうまくいかないことからくる葛藤は、しばしば自殺やＤＶといった深刻な結果に至ることがあります。しかし、社会制度の設計によって、そうした負の結果を減らすことができるというのは共有すべき知恵です。

また、離婚が子どもに望ましくない影響を及ぼすとしても、離婚そのものが問題なのではなく、そこから貧困が生じないように十分な支援を行えば避けられる問題であるということも重要な知見です。こうした諸外国の経験を活かし、私たちの日本社会が、多くの人々にとってより暮らしやすい社会になることを願っています。

第6章 注

＊1 Wolfers J. Did Unilateral Divorce Laws Raise Divorce Rates? A Reconciliation and New Results. Am Econ Rev. 2006;96(5):1802-1820. doi:10.1257/aer.96.5.1802.

＊2 González L, Viitanen TK. The effect of divorce laws on divorce rates in Europe. Eur Econ Rev. 2009;53(2):127-138. doi:10.1016/j.euroecorev.2008.05.005.

＊3 Stevenson B, Wolfers J, Blanchard O, et al. Bargaining in the Shadow of the Law : Divorce Laws and Family Distress. Q J Econ. 2006;121(1):267-288.

＊4 Brassiolo P. Domestic Violence and Divorce Law: When Divorce Threats Become Credible. J Labor Econ. 2016;34(2):443-477. doi:10.1086/683666.

＊5 Gruber J. Is Making Divorce Easier Bad for Children? The Long-Run Implications of Unilateral Divorce. J Labor Econ. 2004;22(4):799-833. doi:10.1086/423155.

＊6 Cáceres-Delpiano J, Giolito E. The Impact of Unilateral Divorce on Crime. J Labor Econ. 2012;30(1):215-248. doi:10.1086/662137.

＊7 Halla M. Do joint custody laws improve family well-being? IZA World Labor. 2015:1-10. doi:10.15185/izawol.147.

＊8 Allen BD, Nunley JM, Seals A. The Effect of Joint-Child-Custody Legislation on the Child-Support Receipt of Single Mothers. J Fam Econ Issues. 2011;32(1):124-139. doi:10.1007/s10834-010-9193-4.

＊9 Nunley JM, Seals RA. Child-custody reform, marital investment in children, and the labor supply of married mothers. Labour Econ. 2011;18(1):14-24. doi:10.1016/j.labeco.2010.08.002.

＊10 Halla M. The Effect of Joint Custody on Family Outcomes. J Eur Econ Assoc. 2013;11(2):278-315. doi:10.1111/jeea.12003.

あとがき

最後までお読みいただき、ありがとうございます。「家族の幸せ」の経済学、いかがだったでしょうか。

本書では、結婚、出産、子育てにまつわるさまざまな科学的研究を紹介してきました。こうした研究は、何が真実で、何が「神話」であるのかを明らかにしてくれますが、科学的根拠だけで、私たちがどう生きるべきかを決められるわけではありません。

たとえば、母乳育児には子どもの健康にとってさまざまなメリットがあることが明らかにされたわけですが、一方で、少なからず手間もかかるわけですし、そのほかにもそれぞれの事情によって、母乳育児を行わないという選択も「家族の幸せ」に繋がりえるのです。

すべての物事には良い側面もあれば、悪い側面もあります。だから、それらを総合的に考慮した上で、あなたと家族にとって何が幸せにつながるのかを、あなた自身が選び取ってください。科学的研究は、私たちがよりよい選択をする上での助けにはなりますが、「何が自分にとっての幸せなのか」までは教えてくれません。あなた自身の価値観に従って、科学的根拠を知った上で、ご自身と家族の幸せを考えてみていただきたいと思います。本書がその一助となれば、著者としてはこの上ない幸せです。

＊

本書では、すべての章を通じて、海外の事例を分析した研究を多数取り上げています。読者のみなさんの関心が高いのは、もちろん日本についての研究なのでしょうが、必ずしもすべての話題について、信頼性の高い研究が、日本のデータを用いて行われているわけではありません。

残念ながら、アメリカやヨーロッパの国々と比べると、日本のデータは質量ともに劣っていることが少なくありません。貧弱なデータでは、私たちが十分に信頼して日々の暮らしに役立てられるような知見を得ることは難しいのです。

また、第6章で述べた離婚後共同親権など、いくつかの社会制度は日本がかつて経験したことがないものです。そうした社会制度を日本に導入したときに何が起こるかを考えるには、やはり、それらをすでに経験した諸外国の事例から学ぶのが一番の近道です。

もちろん、海外の経験がそのまま日本に当てはまるわけではありません。海外の研究を紹介する際には、日本にはどの程度当てはまるのかに気をつけながら解説を行いました。日本と海外では多くの異なる点があるのですが、それでも多くのことを海外から学ぶことができるというのが私の実感です。読者のみなさんも、外国のお父さん、お母さんの感覚や経験が、日本の私たちのそれと似通っていることに驚かれたのではないでしょうか。

海外の経験から多くを学べるとは言ったものの、やはり、日本のデータで日本の制度を分析した研究が、私たち日本人にとっては最善です。しかし、そうした研究の最大の障壁になっているのが、データ不足と質の低下です。人々のプライバシー意識の高まりから、年々調査に協力してくれる人の割合が低下し続けています。また、公的な調査においても、予算が割かれなくなるようになり、その質に重大な懸念が抱かれるようになってきました。

私たちの社会をより良いものに近づけていくためにも、あなたが調査を依頼されるようなことがあれば、ぜひ協力をお願いします。公的な調査では、プライバシー保護に十分な配慮がなされています。また、みなさんの貴重な税金が統計調査に使われることにもご理解いただきたいと思います。適切な統計調査がなされることで、はじめて私たちは自分の社会の姿を正しく理解することができるのです。

＊

本書が出版に至るまでには、多くの方々の貢献がありました。まず、本書を企画してくださった光文社の樋口健さん。日々の研究と教育活動が十分忙しいため、当初は執筆依頼をお断りするつもりでしたが、ライフステージに合わせて、家族の経済学の面白い知見を紹介していくという彼のアイデアに興味を惹かれ、本書を書くことに決めました。

シドニー工科大学の丸山士行さん、一橋大学の手島健介さんには、本書の査読を引き受けていただきました。お二人とも一流の経済学者であり、本書で紹介した論文のいくつかについては私よりも深い理解をされており、厳しくも建設的なコメントをくださいました。また、原稿の一部については、国立成育医療研究センターの加藤承彦さんにも目を通していただいています。

そして、大阪大学の大竹文雄さん、慶應義塾大学の中室牧子さんは、日頃から私の研究についてコメント・助言をくださるのみならず、本書の帯に推薦文をお寄せくださいました。お二人の言葉は、本書と読者の皆さんをつなぐ上で、大きな助けとなっています。

本書で取り上げた私自身の研究については、共同研究者はもとより、学会、セミナーなどでの発表を通じていただいたコメントが反映されています。もちろん、本文中に残る誤りなどの一切は私自身の責任です。

最後に、私自身の家族である妻と息子に感謝し、本書を終えさせていただきます。

２０１９年６月

山口慎太郎

山口慎太郎（やまぐちしんたろう）

東京大学経済学部・政策評価研究教育センター教授。1999年慶應義塾大学商学部卒業。2001年同大学大学院商学研究科修士課程修了。'06年アメリカ・ウィスコンシン大学経済学博士（Ph.D）取得。カナダ・マクマスター大学助教授、准教授、東京大学准教授を経て、2019年より現職。専門は、結婚・出産・子育てなどを経済学的手法で研究する「家族の経済学」と、労働市場を分析する「労働経済学」。

「家族の幸せ」の経済学　データ分析でわかった結婚、出産、子育ての真実

2019年7月30日初版1刷発行
2020年3月5日　10刷発行

著　者 —— 山口慎太郎
発行者 —— 田邉浩司
装　幀 —— アラン・チャン
印刷所 —— 堀内印刷
製本所 —— ナショナル製本
発行所 —— 株式会社光文社
東京都文京区音羽1-16-6（〒112-8011）
https://www.kobunsha.com/
電　話 —— 編集部03（5395）8289　書籍販売部03（5395）8116
業務部03（5395）8125
メール —— sinsyo@kobunsha.com

ISBN 978-4-334-04422-0

1004
「食べること」の進化史
培養肉・昆虫食・3Dフードプリンタ
石川伸一

人類と食の密接なつながりを科学、技術、社会、宗教などの視座から多面的に描く。サルと分かれてヒトが誕生してから「SF食」が実現する未来までの、壮大な物語。

978-4-334-04411-4

1005
人生100年、長すぎるけどどうせなら健康に生きたい。
病気にならない100の方法
藤田紘一郎

「後期高齢者」で「検査嫌い」の名物医師が、医者や薬に頼らずに免疫力を上げる食事と生活習慣を徹底指南。人生100年、死なないのならば生きるしかない、そんな時代の処方箋。

978-4-334-04412-1

1006
ビジネス・フレームワークの落とし穴
山田英夫

SWOT分析から戦略は出ない?!／作り手の意志満載のPPM。／NPVは、なぜ少しだけプラスになるのか?――意思決定が歪む「危うさ」を理解し、フレームワークを正しく使う。

978-4-334-04413-8

1007
「糖質過剰」症候群
あらゆる病に共通する原因
清水泰行

緑内障、アルツハイマー、関節症、がん、皮膚炎、不妊、狭心症…全身を着々と蝕む糖質の恐怖。七千を超える論文を参照しつつ、現代に増え続ける様々な疾患と、糖質過剰摂取との関係を説く。

978-4-334-04414-5

1008
クジラ博士のフィールド戦記
加藤秀弘

シロナガスクジラの回復にはミンククジラを間引け?!――長年、IWC科学委員会に携わってきた著者による鯨類研究の最前線。科学者の視点でIWC脱退問題も解説。

978-4-334-04402-2

1009
世界の危険思想
悪いやつらの頭の中
丸山ゴンザレス

最も危険な場所はどこか？——
る。「世界各国の恐ろしい考え方」
ー」出演中の危険地帯ジャーナリストが

978-4-334-0

1010
愛する意味
上田紀行

あなたはなぜ、愛の不毛地帯にいるのか——長年、生きる意
味を見失った現代社会への提言を続けている文化人類学者に
よる、生きる意味の核心である「愛」に関する熱烈な考察。

978-4-334-04416-9

1011
太陽は地球と人類にどう影響を与えているか
花岡庸一郎

太陽は変化しない退屈な星？——「変わらない存在」として
認識されてきた太陽が、いま、「変わる存在」として社会で注目
を集めている。豊富な観測データで綴る「太陽物理学」入門。

978-4-334-04417-6

1012
女医問題ぶった斬り！
女性減点入試の真犯人
筒井冨美

医学部人気の過熱で女医率も高まる中、なぜ「女医は要らな
い」と言われてしまうのか。女医は医療崩壊の元凶か、救世主
となるか？ フリーランスの麻酔科女医が舌鋒鋭く分析する。

978-4-334-04418-3

1013
喪失学
「ロス後」をどう生きるか？
坂口幸弘

家族やペットとの死別、病、老化……私たちは「心の穴」とと
もに歩んで行く。死生学、悲嘆ケアの知見、当事者それぞれ
の向き合い方を学ぶ。過去の喪失から自分を知るワーク付き。

978-4-334-04419-0

1014
「ことば」の平成論
天皇、広告、ITをめぐる私社会学
鈴木洋仁

天皇陛下のおことば、ITと広告をめぐる言説、野球とサッカーが辿った道……。「平成」の形を、同時代に語られた「ことば」を基に探る極私的平成論。本郷和人氏推薦。

978-4-334-04420-6

1015
「家族の幸せ」の経済学
データ分析でわかった結婚、出産、子育ての真実
山口慎太郎

母乳育児や3歳児神話……。出産や子育てにおいて幅をきかせるエビデンス（科学的根拠）を一切無視した「思い込み」を、気鋭の学者が最先端の経済学の手法で徹底的に論破する。

978-4-334-04422-0

1016
不登校・ひきこもりの9割は治せる
1万人を立ち直らせてきた3つのステップ
杉浦孝宣

「8050問題」につながる若者の不登校・ひきこもりという社会課題に30年以上向き合ってきた教育者が語る、親子で生活を立ち直らせるための3ステップ。

978-4-334-04424-4

1017
教養としてのロック名盤ベスト100
川崎大助

現代人の基礎教養とも言えるロック名盤100枚を、これまでにない切り口で紹介・解説。著者の主観・忖度抜き、科学的な手法で得られた驚愕のランキングの1位は？

978-4-334-04422-

1018
発掘！ 歴史に埋もれたテレビCM
見たことのない昭和30年代
高野光平

こんなモノがあったのか！ ナゾだらけの草創期
態とは？ 「名作」とはひと味ちがう、
うひとつのテレビCM史」。CM史研

978-4-334-0442